高校教育教学研究与质量管理

刘祖应　常　媛　孙迪飞　著

中国原子能出版社

图书在版编目（CIP）数据

高校教育教学研究与质量管理/ 刘祖应，常媛，孙迪飞著. --北京：中国原子能出版社，2023.11

ISBN 978-7-5221-3177-1

Ⅰ．①高... Ⅱ．①刘... ②常... ③孙... Ⅲ．①高等教育-教学研究-中国 Ⅳ．①G649.21

中国国家版本馆 CIP 数据核字（2023）第 243582 号

高校教育教学研究与质量管理

出版发行	中国原子能出版社（北京市海淀区阜成路43号　100048）	
责任编辑	王　蕾	
责任印刷	赵　明	
印　　刷	北京九州迅驰传媒文化有限公司	
经　　销	全国新华书店	
开　　本	787mm×1092mm　1/16	
印　　张	13.75	
字　　数	184 千字	
版　　次	2024 年 5 月第 1 版	2024 年 5 月第 1 次印刷
书　　号	ISBN 978-7-5221-3177-1	定　价　68.00 元

前　言

　　高校是我国教育教学活动开展的重要基地，是优秀社会人才培养的重要场所。随着我国高等教育的快速发展，高等教育教学及其质量管理工作逐步深化，高校教育教学管理工作无论是在思想观念，还是在管理方式、方法上都正在经历巨大的变革。在我国高等教育走向国际化、大众化、信息化的时代背景下，面对"科教兴国"战略的实施，从提高我国高等教育国际竞争力的战略高度出发，必须把教学质量视为高等教育的生命线，牢固树立质量意识、品牌特色意识、市场意识和创新意识。提高高等学校教学管理水平和教学质量，培养具有创新精神和实践能力的高级专门人才，是新世纪高等教育改革和发展的迫切要求。

　　本书属于高校教育教学研究与质量管理方面的著作，针对我国高校教育教学的现状，对创新型教学理念做了简单的研究，对如何改善教学方法提出了简单论述；并且对高校内部教学质量保障体系的基本理论与具体体系建设进行了研究，深入浅出地提出了很多可操作的性意见和建议。整体来看，本书对从事高校教育管理专业的研究学者与工作者有学习和参考的价值。

目 录

第一章 高校教育教学理论

第一节 我国高等教育的发展及性质转变

高等教育的发展历史可以追溯到中世纪的大学，后来不断发展、不断转型，形成了高等教育的三项职能，即培养专门人才、科学研究、服务社会。改革开放以来，我国高等教育事业获得长足发展，改革取得了令人瞩目的成绩，初步形成了适应国民经济建设和社会发展需要的多种层次、多种形式、学科门类基本齐全的社会主义高等教育体系，为社会主义现代化建设培养了大批高级专门人才，在国家经济建设、科技进步和社会发展中发挥了重要作用。

一、我国高等教育近代化的历史进程及进程中的模式转换

我国高等教育近代化的历史进程及进程中的模式转换大致可分为三个时期。

第一个时期（1862—1894 年），甲午战争以前，中国近代高等教育处于酝酿时期。从 19 世纪 60 年代开始，出现了一批培养外语人才和军事技术人才的专门学校，它们不同于传统封建教育机构，不是培养能够成为各级封建官吏的"治才"，而是培养通晓各国语言和技术（特别是军事技术）的所谓"艺才"。最典型的代表即 1862 年成立的京师同文馆和 1867 年创办的福建船政学堂。至 1894 年前后，我国共创办此类学堂30 多所。

第二个时期（1895—1911 年），19 世纪末 20 世纪初，是中国近代

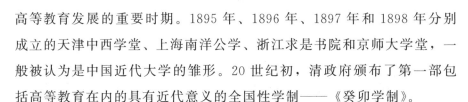

高等教育发展的重要时期。1895 年、1896 年、1897 年和 1898 年分别成立的天津中西学堂、上海南洋公学、浙江求是书院和京师大学堂，一般被认为是中国近代大学的雏形。20 世纪初，清政府颁布了第一部包括高等教育在内的具有近代意义的全国性学制——《癸卯学制》。

第三个时期（1912—1927 年），1912 年的辛亥革命推翻了清王朝的统治，结束了两千多年的封建帝制，为中国近代高等教育的发展提供了一个相对宽松的环境。1912 年至 1927 年的 16 年间，可以说是中国高等教育发展模式的多元化时期。1912 年，在蔡元培主持下所进行的教育改革形成的新学制《壬子癸丑学制》，对清末颁布的《癸卯学制》中有关高等教育的内容做了相应的改革。其间，教育部还陆续公布了《大学令》《大学规程》《专门学校令》《公立、私立专门学校规程》和《高等师范学校规程》等一系列有关高等教育的法规法令。众所周知，作为当时教育改革的总设计师，蔡元培非常关心高等教育，《大学令》就是由他亲手制定的。直到 1917 年蔡元培出任北京大学校长之后，他的高等教育的理念——学术自由和教授治校，才部分地在他所主持的北京大学付诸实施。就在蔡元培以德国高等教育为模式对北京大学进行深刻改造的同时，另一所国立大学——在南京高等师范学校基础上发展而来的东南大学迅速崛起。至 20 世纪 20 年代中期，浙江大学和东南大学影响日广，成为与北京大学南北呼应、交相辉映的中国高等教育的又一重镇。

高等教育作为人类所创造的知识和文化的重要传播场所，作为高级专门人才的培养基地，有其自身发展的内在规律。高等教育的发展，既要受处于不同经济发展阶段、不同政治文化背景的各个国家和地区的具体国情所制约，也要受高等教育本身的发展规律所制约。从一定意义上可以说，一个世纪以来，中国高等教育发展模式的转换就是在如何认识和正确处理这一对矛盾的过程中艰难推进的，不能以强调本国情形的特殊性为由而拒绝遵循高等教育发展的一般规律，也不能以标榜追赶世界潮流为借口而置本国国情于不顾，这是我们回顾和总结这段历史所应深刻吸取的经验教训。

二、我国高等教育目标和性质的转变

1894 年至 1911 年的 18 年间，是中国近代高等教育的起步时期。19 世纪末创办的天津中西学堂、上海南洋公学、浙江求是书院和京师大学堂是近代大学的雏形。1904 年颁布的《癸卯学制》中有《奏定大学堂章程》《奏定高等学堂章程》和《奏定农工商实业学堂章程》。在这些章程中，关于办学理念和培养目标，有了新的表述：大学堂"以谨遵谕旨，端正趋向，造就通才为宗旨，以各项学术艺能之人才，足供任用为成效"。通儒院（即研究生院）"以中国学术日有进步、能发明新理以著成书、能制造新器以利民用为成效"。从前一个时期的培养"艺才""专才"，到这一时期的提出"通才"，从字面上看，似乎又回到了传统的人才观，因为中国的传统教育也强调"通才"，即所谓"一物不知，儒者之耻"。但是，这里的"通才"是以掌握"各项学术艺能"为前提的，不仅与封建教育的理想人格"通才"在内涵上有所不同，而且这种目标的提出本身也提升了"艺才"与"专才"的地位。在一定意义上可以说，与之前相比，这一时期较多地接纳了西方高等教育的理念。当然，这种"通才"仍必须"谨遵谕旨""以忠孝为本，以中国经史之学为基"。在这里，中国传统高等教育的影响依然十分强大。这是因为，虽然科举制度在 1905 年已被废除，但是科举制度赐予出身的陋习仍然被保留了下来，秀才、举人、进士的头衔还十分具有吸引力，更重要的是封建专制制度的政治框架还在起着支撑作用，社会主流价值观的变革终究需要以经济基础和政治制度的变革为前提。与此相适应，在这十几年间，高等教育在课程体系、教学内容和方法上发生了较大的变化，最明显的表征是西方近代社会科学的各个门类被大量引进高等教育的课堂，政治学、法学、教育学、哲学、心理学、经济学等社会科学被作为大学或高等学堂的教学内容的教科书大量出版。民国初年，资产阶级革命派和激进的民主主义者从根本上否定了"中体西用"这一直接支配高等教育培养目标的文化观念，提出要用"民主共和"和"科学民主"的精神来改造中国传统的封建主义文化，这也为高等教育培养目标的进一步发展及演变提供了思想基础。

从1912年至1949年的近40年间，当时的政府制定颁布过几部重要的关于高等教育的法令、规程。就培养目标而言，从法律条文上看，最大的变化在于取消了封建社会高等教育的政治方向。1912年的《专门学校令》提出，专门学校以教授高等学术、培养专门人才为宗旨。同年颁布的《大学令》规定，大学以教授高深学术、培养硕学闳才、应国家需要为宗旨。这里强调的是高深学术，是培养"硕学闳才"和"专门人才"。高等教育领域中大学和专门学校的区分标准是"学"与"术"，前者重在学术研究，后者重在应用技术。政治上、思想上的限制与要求，即所谓"忠君""尊孔"，在培养目标中被取消了，特别在民国前期，由于蔡元培的努力和他广泛的社会影响，中国近代高等教育得以在教育理念上有了一次大的飞跃。正如有些研究者所指出的："只有在这一时期，中国才真正开始致力于建立一种具有自治权力和学术自由精神的现代大学。"西方高等教育理念的核心，即学术自由和大学自治的观念，通过蔡元培的理论倡导和身体力行，第一次较全面地被国人所认识和接受。蔡元培在对北京大学的改造中，反复强调学术自由、兼容并包的办学方针。从一定意义上可以说，正是通过蔡元培在北京大学的努力，才使中国高等教育在教育理念和培养目标上，从根本上动摇了以培养"内圣外王"的"贤士""君子""循吏"为目标的主流传统。在这里要强调说明的是，蔡元培在宣传、倡导西方大学理念的同时，也充分利用了中国封建社会高等教育的非主流传统，即弘扬古代书院浓厚的学术氛围、师生间砥砺德行互相切磋的融洽之情以及相对的独立地位等。

在课程体系和教学内容方面，民国时期与清末相比较，最大的变化是废除了反映封建传统文化的科目，增加了大量新学科，在人文社会科学方面如此，在自然科学和技术科学方面更是如此。据统计，1919年《大学规程》中所开列的课程科目总数比清末《癸卯学制》所规定的多

300 多门；专科学校课程也比清末相应学堂科目增加了 1—2 倍。蔡元培主持下的北京大学于 20 世纪 20 年代开设的课程中，有许多在欧美一些著名大学中也是刚刚起步。

中华人民共和国成立后，关于高等教育培养目标的明确表述，最早见之于政府法规文献的是 1950 年 7 月政务院批准的《高等学校暂行规程》，其中规定："中华人民共和国高等学校的宗旨为根据中国人民政治协商会议共同纲领第五章的规定，以理论与实际一致的教育方法，培养具有高级文化水平、掌握现代科学和技术的成就，全心全意为人民服务的建设人才。"在这里，除去头、尾两处有关政治方向的要求之外，其核心内容是培养具有高级文化水平、掌握现代科学和技术成就的建设人才。与民国时期高等教育的培养目标相比较，在政治上提出不同的要求是十分自然的。应该说，作为高等教育的特点还是体现了出来，"高级建设人才"的提法也涵盖了学术人才与专门技术人才。当然，由于特定的国际国内环境，所谓学术自由、大学自治等，在刚刚取得政权的社会条件下，是不会受到关注的。相反，对大学中旧知识分子的改造很快就提上了议事日程。在课程体系方面，构建了以马克思主义理论著作为基础的新的课程体系，进一步发展的则是借用苏联的课程体系。

在 1956 年至 1957 年间，中国高等教育领域出现了一股追求学术自由、大学自治的风潮。知识分子们响应中国共产党"百花齐放，百家争鸣"的号召。

1961 年，《中华人民共和国教育部直属高等学校暂行工作条例（草案）》（以下简称《高教六十条》）颁布，对高等学校的培养目标做了前所未有的详细规定："高等学校学生的培养目标是具有爱国主义和国际主义精神，具有共产主义道德品质，拥护共产党的领导，拥护社会主义，愿为社会主义事业服务、为人民服务；通过马克思列宁主义、毛泽东著作的学习和一定的生产劳动、实际工作的锻炼，逐步树立无产阶级的阶级观点、劳动观点、群众观点、辩证唯物主义观点；掌握本专业所需要的基础理论、专业知识和实际技能，尽可能了解本专业范围内科学的新发展；具有健全的体魄。"可以说，这是近代以来关于高等教育培养目标字数最多的一次表述。

1978年教育部对1961年颁布的《高教六十条》略做修改，引发全国高校组织讨论，其中关于高等教育的培养目标完全是原来的表述。这说明了在改革开放初期，注重专业知识的问题已被提到了议事日程上。1980年2月，全国人大颁布了《中华人民共和国学位条例》，其中规定对在高等学校和科研机构的毕业生和科研人员经过严格考核，分别授予学士、硕士和博士学位，其目的是促进科学专门人才的成长，促进各门学科学术水平的提高与教育和科学事业的发展。

1985年5月，中共中央颁布了《关于教育体制改革的决定》（以下简称《决定》）。《决定》指出："高等学校担负着培养高级专门人才和发展科学技术文化的重大任务。"这是中华人民共和国成立以来，第一次如此明确地把高等教育的任务归结为培养高级专门人才和发展科学技术文化。这次会议的另一项与高等教育理念有关的重大决定是，明确提出要扩大高等学校的办学自主权，"使高等学校具有主动适应经济和社会发展需要的积极性和能力"。可以说，《决定》给予了我国高等学校自中华人民共和国成立以来从未有过的自主权。此外，《决定》还强调高等学校是教学、科研中心，而不是像苏联模式那样，要么负责教学，要么负责专业培训和改革教学内容、教学方法、教学制度以及提高教学质量，开展教学改革试验，改变专业过窄的状况，增加选修课，实行学分制和双学位制等，努力借鉴和移植先进国家高等教育的课程体系和教学内容。

进入20世纪90年代，随着改革开放的深入和经济体制的转变，中国高等教育的发展进入一个新的历史时期。1994年7月，国务院颁发《关于中国教育改革和发展纲要的实施意见》，提出要进一步发挥高等学校在国家科学技术工作中的重要作用，实施"211"工程，面向21世纪，重点建设100所左右的高等学校和一批重点学科。1998年8月，全国人大制定并颁布了《中华人民共和国高等教育法》，规定"高等教育的任务是培养具有创新精神和实践能力的高级专门人才，发展科学技术文化，促进社会主义现代化建设"，"高等学校应当面向社会，依法自主办学，实行民主管理"。这是中华人民共和国成立50年来制定颁布的第一部高等教育法，它突出强调了培养高级专门人才和办学自主权，全面肯定了改革开放以来我国在高等教育办学理念、培养目标、管理体制等方面所取得的共识。与此同时，随着经济的发展和人民群众接受高等教育需求的不断增长，西方发达国家高等教育大众化的理念正在日益被人们所接受，并逐渐转化为政府的教育政策，中国高等教育面向社会精英阶层的传统正在成为历史。可以说，中国近代高等教育在经历了整整一个世纪的曲折之后，终于有了明确的、与世界高等教育发展同步的理念、目标与方向。

三、我国高等教育的类型

国家教育发展研究中心将我国高等教育分为四种类型。

（一）研究型大学

研究型大学明显特征是学科综合性强，每年授予的博士学位数量多，培养的人才层次为本科及本科以上学历，满足的是对高层次研究型人才和研究型成果的需求，研究生至少占到20%—25%，每所学校每年授予博士学位的数量至少为50个。

（二）教学研究型大学

教学研究型大学的教学层次以本科生、硕士生为主，个别行业性较强的专业可招收部分博士生，但不培养专科生。

（三）教学型本科院校

教学型本科院校的主体是本科生的教学，特殊情况下有少量的研究生或专科生。

（四）高等专科学校和高等职业学校

高等专科学校和高等职业学校体现了高等教育在学校、专业设置上最为灵活的部分，主要是为了满足当地经济建设及社会发展的需要。

第二节　现代教育理念

一、现代教育理念的内涵

"教育要面向现代化，面向世界，面向未来"，这是邓小平同志 1983 年 10 月 1 日为北京景山学校的题词。题词发表后，迅速为各大媒体所转载，在全国上下引起了巨大的反响，并由此拉开了教育界改革的序幕。

教育必须为社会主义现代化建设服务，社会主义现代化建设必须依靠教育。这是邓小平关于教育要"三个面向"思想的基本要求。因此，现代教育要适应政治、经济、文化的飞速发展，必须以更加创新与完善的理念引导现代教育的改革。综合起来，现代教育理念大致可以归类为以下几个方面。

（一）以人为本的理念

21 世纪的今天，社会已经由重视科学技术为主发展到以人为本的时代，教育作为培养社会所需要的人才来促进经济社会发展的事业，更应当体现以人为本的时代精神。因此，现代教育强调以人为本，把重视人、理解人、尊重人、爱护人、提升和发展人的精神贯穿于教育教学的全过程、全方位，它更关注人的现实需要和未来发展方面，注重挖掘人的潜能，重视人自身的价值的实现，从而不断提高人的生存和发展能力，促进人自身的发展与完善。

（二）全面发展的理念

促进人的自由全面发展是现代教育的宗旨，因此它更关注人的发展的完整性、全面性，宏观上表现在，它是面向全体公民的国民性教育，注重民族整体的全面发展，以大力提高和发展全民族的思想道德素质和科学文化素质，提高民族的知识创新和技术创新能力，增强包括民族凝聚力在内的综合国力为根本目标；表现在微观上，它以促进每一个学生在德、智、体、美、劳等方面的全面发展与完善，造就全面发展的人才为己任。这就要求人们在教育观念上实现由精英教育向大众教育、由专业性教育向通识性教育的转变，在教育方法上采取德、智、体、美、劳等多育并举、整体育人的教育方略。

(三) 素质教育的理念

现代教育更注重教育过程中知识向能力的转化工作及其内化为人们的良好素质，强调知识、能力与素质在人才整体结构中的相互作用、辩证统一与和谐发展。针对传统教育重知识传递、轻实践能力，重考试分数、轻综合素质等弊端，现代教育更加强调学生实践能力的锻造，全面素质的培养和训练，主张能力与素质是比知识更重要、更稳定、更持久的要素，把学生综合素质的培养与提高作为教育教学的中心工作来抓，以帮助学生学会学习和强化素质为基本教育目标，旨在全面开发学生的诸种素质潜能，使知识、能力、素质和谐发展，提高人的整体发展水准。

(四) 创造性理念

传统教育向现代教育的重要转型之一，就是实现由知识性教育向创造力教育转变。因为知识经济更加彰显了人的创造性作用，人的创造力潜能成了最具有价值的不竭资源。现代教育认为，教育教学是一个具有高度创造性特点的过程，以启发、点拨、开发、引导、训练学生的创造力才能作为其基本目标。主张以更新颖的教学手段和美好的教学艺术来创造出教育教学环境，从而更好地培养创造性人才。现代教育主张，完整的创造力教育是由创新教育（旨在培养学生的创新精神、创新能力与创新人格）与创业教育（旨在培养学生的创业精神、创业能力与创业人格）二者结合而形成的生态链构成。因此，加强创新教育与创业教育并促进二者的结合与融合，培养创新型、创业型、复合型人才成为现代教育的基本目标。

（五）开放性理念

当今时代是一个开放的时代，科学技术的快速发展，经济的逐步全球化使世界成为一个紧密联系的地球村。以前的教育格局将被打破，取代它的是一种全方位开放的新型教育。这种新型教育包括教育方式的开放性、教育过程的开放性、教育观念的开放性、教育目标的开放性、教育评价的开放性、教育内容的开放性等。

（六）多样化理念

现代社会是一个日益多样化的时代，随着社会结构的高度分化，社会生活的日益复杂和多变以及人们价值取向的多元化，教育也呈现出多样化发展的态势。这首先表现在教育需求多样化，为适应经济社会发展的要求，人才的规格、标准必然要求多样化。其次表现在办学主体多样化、教育目标多样化、管理体制多样化。最后还表现在灵活多样的教育形式、教育手段，衡量教育及人才质量的标准多样化等。这些都为教育教学过程的设计与管理提出了更高的要求与挑战，它要求根据不同层次、不同类型、不同管理体制的教育机构与部门进行柔性设计与管理，它更推崇符合教育教学实践的弹性教学与弹性管理体系，主张为教育事业的发展提供更加宽松的社会政策法规体系与舆论氛围，以促进教育事业的繁荣与发展。

（七）生态和谐理念

自然物的生长需要良好的自然生态环境，人才的健康成长同样也需要宽松和谐的社会生态环境的滋润。现代教育主张把教育活动看作一个有机整体，这个整体不但包括教育活动的老师、课堂、学生、教育、实践、内容与方法诸要素的融洽与和谐统一，也包括教育活动与整个文化氛围和环境设施的和谐统一，把融洽、和谐的精神贯注于教育的每一个有机的要素和环节之中，最终形成统一的教育生态链整体。

（八）系统性理念

随着知识经济的来临以及学习化社会的到来，终身教育成为现实。

教育成为伴随人一生的最重要的活动之一。因而，教育不再仅仅是学校单方面的事情，也不仅仅是个人成长的事情，而是社会进步与发展的大事，是整个国民素质普遍提高的事情，是关乎精神文明建设及两个文明协调发展的全局性、战略性大业，它是一项由诸多要素组成的复杂的社会系统工程，涉及许多行业和部门，所以需要全社会普遍参与、共同努力才能做好。所以，与传统教育不同，转型时期我国正在形成的是一种社会大教育体系，它需要在系统工程的理念指导下进行统一规划、设计和一体化运作，以培养人们的学习能力，提升人们的生存和发展能力为目标，以实现社会系统内部各环节、各部门的协调运作、整体联动为基础，把健全教育社会化网络作为构成教育环境的中心工作来抓，促进大教育系统工程的良性运行与有序发展，以满足学习化社会对教育发展的迫切要求。

二、高校现代教育理念

（一）高校教育理念的概念

我国学界对教育理念问题的关注和研究，始于21世纪之初的基础教育新课程改革。新课程从教学目标的确立到教学内容的编排，再到教学方式的设计，都与传统课程有着根本的不同。教师要想适应新课程的教学工作，首先必须转变教育思想和观念。其后，教育理念研究逐渐从基础教育领域进入高校教育领域。从已有教育理念的研究成果来看，其概念界定比较有代表性的观点如下：有学者从教学理性认识的角度出发，认为教育理念是从先进的教育理论中演绎出来的有关教学活动的理性认识，是"教学应该怎样、为什么需要如此"的理想化认识，体现了教师对教学实践的价值期待及理想追求。有学者从现实与超越的视角指出，教育理念不仅包括教师对教学问题的现实性认识，也包括教师对教学问题的前瞻性价值判断与结果选择。有学者主张从教学规律的角度解读教育理念，指出教育理念是教师对教学与学习活动内在规律的认识，是教师对教学活动的看法以及所持有的基本态度与观念。有学者从大学教师的维度指出，教育理念是指大学教师头脑中观念性地存在着的，关于学科教学和学生智慧发展等方面理论与信念的综合体，是指导教师教学实践活动的理论基础。有学者从融合与统一的视角指出，教育理念就是教学理念和教学理想的一种融合，是主观和客观的一种融合，是认识和信念的一种融合，是思想和行为的一种融合，是事实判断和价值判断的一种融合。有学者则从教学思维和教学价值观的角度出发，指出教育理念是关于教学的根本看法与思想，是教师对教学问题进行思维所获得的结果。综上所述，学者们对教育理念概念的解读和界定，虽然存在着认识视角和侧重点的不同，但也反映了一些共同特点，即都主张把教育理念理解为教师对教学所做出的主观认识和价值判断，是教师对教学所表现出的态度与信念、期待与追求，是教师对教学所持有的思想与观念。

基于上述分析，我们认为高校教育理念是高校教师在长期教学理论学习与教学实践反思基础上创造生成的对教学活动价值及其本质规律的认识和判断。从本质上来说，教育理念体现了高校教师对"教学究竟是什么"以及"教学到底能够做什么"的理性思考，深刻反映了教师对教学的应然状态以及教学的理想状态的憧憬和向往，因而表现为一种指向教学实践活动未来的精神范式和理性品格。高校教育理念不同于教育观念，教育观念或者是以"非系统化"的方式呈现关于教学实践的感性认识，或者是以"意识形态"的方式呈现关于教学实践的理性认识，具有强烈的现实性色彩。高校教育理念也不同于教学理想，教学理想是教师对未来教学实践发展趋势的把握、想象和憧憬，它不仅具有鲜明的情感性特点，而且具有极为突出的信念性特征。高校教育理念处于教育观念和教学理想的联结点与关键点的位置，较之于教学观念，它往往弱化了现实性而更具信念性；较之于教学理想，它往往弱化了信念性而更具现实性。教育理念在高校教师的教学实践活动中发挥着方向性和主导性的价值作用，是更新教师教学行为的先导和灵魂。教育理念渗透和融入高校教师的教学过程之中，不仅影响着教师对教学内容的讲解、对教学方法的运用以及对教学进程的调控，而且也影响着高校教师的教学态度及其对教学认知、情感和行为的投入程度，因而是高校教师教学成功的最深层支撑力量。

(二) 高校教育理念变革的趋势

进入 21 世纪以来，随着我国高等教育大众化进程的不断推进，高等教育条件保障机制等方面遇到了难以预料的困难，由此引发的人才培养质量争议成为高等教育的热门话题。政府和高等学校回应这种社会争议的积极举动就是实施"高等学校教学质量与教学改革工程"，试图既改善高等教育的条件保障状况，又注重将物化的环境与条件转化为人才培养所必需的制度建设，不断推进教育理念创新。

1. 全面落实科学发展观

科学发展观的第一要义就是发展，包括高等教育的发展和人的发展。围绕以人为本这个核心，人才培养工作必须是全面协调可持续发展的，这也是终身教育和学习化社会思想的基本要求。贯彻党的教育方针，推进素质教育，坚持"巩固、深化、提高、发展"的方针，遵循高等教育的基本规律，牢固树立人才培养是高等学校的根本任务、质量是高等学校的生命线、教学是高等学校的中心工作等都属于新的高等教育理念。

2. 建立健全大教育观

具体表现在优质高等教育资源共享上，通过新教材和立体化教材建设、网络教育资源开发和共享平台建设，建设面向全国高等学校的精品课程和立体化教材的数字化资源中心，建成一批具有示范作用和服务功能的数字化学习中心，完善服务终身学习的支持服务体系，提升我国高等教育的质量和整体实力。这需要充分考虑提高教学质量的系统性和复杂性，确定一些具有基础性、全局性、引导性的改革突破口，引导高等学校教育教学改革的方向，实现高等教育规模、结构、质量和效益协调发展。同时，也需要调动政府、学校和社会各方面的力量，把发展高等教育的积极性引导到提高质量上来，充分利用各方面力量支持高等学校

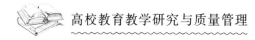

的发展，切实解决高等学校在提高质量方面的实际问题，为高等学校办学创造良好的外部环境。

3. 不断鼓励和引导丰富多彩的高等学校教学创新

高等学校教学创新与高等教育质量提高是一对永恒的孪生话题。总体而言，我国高等学校教学创新在实践活动上可谓阵容庞大、气势恢宏，但在形式和内容上出彩不多。因此，在教学制度创新方面，要继续建立和完善教学评估制度、专业认证制度、高等学校基本状态、数据发布制度等；在教学活动创新方面，不仅要落实"教授、名师要上课堂"，还要努力建设高等水平教学团队。同时，应继续突出学生的主体地位，不断加大学生选课、选专业余地，通过学分制使学生学习的自主性、自我责任心进一步增强，还应通过各级各类大规模、高强度的教学研究与教学改革立项和成果奖励，推动教学方法改革创新的激励机制，根本改变教学方法改革创新零散、自发、孤立、短效的局面。

第二章 高校教育教学的理念创新

第一节 高校教育教学理念创新的缘由

一、高校教育教学理念创新的由来

(一) 培养人才观念的形成

高校教育的根本任务是培养人才，而人才培养的主要途径是教学活动。改革开放以来，确立了知识本位的高校教育思想观念。

随着国家对人才培养质量的关注与重视，人们开始重新认识和反思高校教育教学和科研的关系，进而确立了教学在学校工作中的中心地位，无论什么类型的高校教育，首要任务是人才培养，科学研究也要肩负起人才培养职能。高校教育教师必须把教学放在第一位，切实履行教师的基本职业职责。

随着世界高校教育发展和科技、社会进步对人才培养规格新要求的不断提出，能力本位观点越来越受到重视，社会更需要提供知识全面、技能过关的高素质人才。因此，对教学活动提出了新的要求：一方面是出于理论教学与实践教学的关系问题的考虑，既不能忽视理论教学又要加强实践实验教学；另一方面也是出于协调学校教育与社会教育的关系，既不能在学校教育与社会教育之间走极端，也不能过多增加学生的时间、经费、心理等学习负担。于是，新的教学中心地位理论逐步得到丰富和发展，在校内强调理论教学与实验，在科研活动中培养学生能力，在校外加强实习实训基地建设，建立产学研究机制。

（二）以专业教育为主的教育思想形成

一般认为，国际上高等教育大致有两种教学模式：一种是以苏联和德国为代表的专才教育模式，学生在校学习时间较长，既打基础，又进行实践训练；另一种是以美国为代表的通才教学模式，学生在校学习时间较短，主要是打基础，实践训练放到大学毕业以后。我国最先主要学习苏联模式，形成了专才教学模式。改革开放后，我们发现苏联专才教育模式的许多问题，开始注意学习欧美通才教育模式。同时，这两种模式自身又不断变化和交融。

一般认为，现代专业教育思想源于美国国家功利主义视域下的科学主义高校教育哲学。兴起于 20 世纪初的以实用为标准的功利主义教育观影响了美国几十年，受苏联 1957 年"卫星上天"的影响，美国更加重视高校教育教学的科学功利。1978 年我国召开的全国科学大会提出"向科学进军"，迎接科学春天的到来，此后一直成为国家教育方针政策以及学校教育教学工作的重要指导思想的构成元素。但培养学生一技之长的专业教育思想很快也受到素质教育思想的挑战，因为国内外的人才成长及使用实践表明，仅有一技之长的人并不能担当高级专门人才的重任。随着世界科技的迅速发展，学科专业高度分化后再高度综合成为发展趋势，人才培养与社会工作都面临越来越复杂化，特别是"曼哈顿计划"反映出社会工作对人员合作、协调、组织能力等综合素质的要求越来越高，不仅要具有扎实的基础、宽广的知识面、较强的能力，而且要具有良好的思想政治素质、道德水平、健全的身体和心理素质。

以自由教育、人文教育、普通教育等形式出现的综合素质教育思想得以萌生，传统意义上的专门人才培养模式、观念逐渐被拓宽专业口径、增强"适应性"的呼声和"通识教育"的理念所取代，仅仅重视科学技术的"精、深、专"为"德才兼备""文理兼备"的人才目标所取代。随后，华中科技大学率先提出以人文素质教育为突破口，中共中央和国务院出台专门文件推进的高校教育全面素质教育，并建立了一大批国家人文素质教育基地。人文素质教育并非只对理工科学生进行人文科学知识传授，而是对所有学生加强人文品格、人文精神的全面教育，是通识教育的具体体现。

（三）提高终身学习和终身教育观念形成

按照传统的职业教育观念，高校教育在教育序列中毫无疑问就是人一生的终结性教育活动。但由于世界科技发展的日新月异以及世界性社会工作的不断变化，由联合国教科文组织的系列报告引发，以素质教育思想为理论支撑的终身教育、终身学习观念逐渐渗透到高校教育领域，高校教育究竟是终结性教育还是基础性教育一时成为学术界的争论热点。特别是高校教育达到大众化甚至普及化程度之后，高校教育的基础性就更加突出，高校教育只能为学生未来成为科技人才，从事科技职业打下知识、能力和继续学习的基础，而不能为未来准备好所需的一切。因此，高校教育人才培养必须更加重视比较宽广的学科领域、比较扎实的基础知识、比较强的学习和研究能力，也必须为在职人员提供高校教育后继续学习的条件。

（四）以学生为本的个性化教学观念逐渐生成

一场世界性的学习革命使高校教育教学模式也必须适应受教育群体的历史性变化，这是高校教育教学创新的直接指导原则和方向。具体而言有如下表现：由单纯的掌握知识转变为更加注重智力发展和能力培养；由单纯的专业知识和能力培养转变为同时注重拓宽知识面，培养具有包括外语能力、经管能力、交往能力等多种能力的复合型人才；由单纯注重统一的培养规格转变为同时注重发挥学生的多样化特长和学习潜力；由偏重理论知识转变为同时注重实际知识，进一步强调理论与实践相结合等。

因材施教，促进人的全面发展是一条基本教育原则。为了突出学生在人才培养中的主体地位，在教学管理、教学环节、教学方式等方面也要将统一的、固定的人才模式变革为多样化、个性化的教学过程和教学形式。既努力拓宽专业口径又坚持按专业培养人才；既制定人才培养目标和基本规格又给予学生充分自由的发展；既坚持教学工作的计划性又给予学校、专业、教师和学生较大的灵活性。在教学管理上，推行学分制，实行选课、选专业等灵活的制度和政策。

二、高校教育教学的变化趋势

进入 21 世纪以来，随着我国高校教育大众化进程的不断推进，高校教育条件保障机制等方面遇到了困难。政府和高校的积极举动就是实施"高等学校教学质量与教学创新工程"，试图既改善高校教育的条件保障状况，又注重将物化的环境与条件转化为人才培养所必需的制度建设，不断推进教学思想观念创新。

（一）建立健全的教育观

健全的教育观具体表现在创新高校教育资源共享上，通过新教材和立体化教材建设、网络教育资源开发和共享平台建设，建设面向全国高校教育的精品课程和立体化教材的数字化资源中心，建成一批具有示范作用和服务功能的数字化学习中心，完善终身学习的支持服务体系，提升我国高校教育的质量和整体实力。这需要充分考虑提高教学质量的系统性和复杂性，确定一些具有基础性、全局性、引导性的创新突破口，引导高校教育教学创新的方向，实现高校教育规模、结构、质量和效益协调发展。同时，也需要调动政府、学校和社会各方面的力量，把发展高校教育的积极性引导到提高质量上来，充分利用各方面力量支持高校教育的发展，切实解决高校教育在提高质量方面的实际问题，为高校教育办学创造良好的外部环境。

（二）高校教育教学创新

高校教育教学创新与高校教育质量提高是一对永恒的话题，总体而言，我国高等教育教学创新在实践活动上可谓阵容庞大、气势恢宏，但在形式和内容上出彩不多。因此，在教学制度创新方面，要继续建立和完善教学评估制度、专业认证制度、高校教育基本状态数据发布制度等；在教学活动创新方面，不仅要落实"教授、名师要上课堂"，还要努力建设高水平的教学团队。同时，应继续突出学生的主体地位，不断加大学生选课、选专业余地，通过学分制使学生学习的自主性、自我责任心进一步增强。还应通过各级各类大规模、高强度的教学研究与教学创新立项和成果奖励，推动教学方法创新的激励机制。

第二节 高校教育教学理念创新的思路

一、更新教学理念

（一）更新教育思想，形成实践教育教学理念

实践是指将高校教育教学内容中的自然科学知识、人文知识、德育等各种理论知识教育，通过具体的系统实践来消化、固化、融合、升华。在实践中统一科学教育与人文教育，把实践育人贯穿人才培养的全过程，培养学生的实践能力和创新精神，提升个人人文素质和科学素质，达到完全与社会实际需要相符合。高校在校园文化建设中要建立一种新的激励机制，带动学生积极展开创新创业活动，并给予大力支持，全面推进实践教育。

（二）树立以生为本的教学理念

在教育教学中要体现出对学生主体地位的充分理解和尊重，对学生潜能的充分诱导和挖掘，对学生人格的充分培养和塑造，把学生的个人意愿、社会的人才需求、学校的积极引导有机结合起来，使学生在知识、能力、思想道德、身心健康等各方面得到均衡、全面的发展，从而促进学生成长成才。这一教学理念要充分贯彻体现到高校教学环节之中的各个方面。在教学模式上，实施弹性教学计划，建立学分制、主辅修制，让学生有一定的选择权和支配权，可以自由支配属于自己的时间和空间，着力于学生创新能力和实践能力的培养；在教学目的上，要一切为了学生，为了学生的一切，为了一切学生。在教学方法上，要大力提倡"以学生为主体、教师为主导"的互动式教学方法，鼓励进行问题式、案例式、讨论式、情境式教学法，开展"启发、互动、探究式"的

课堂教学实践，采取一系列措施，使教师由传统式知识传授型教学向现代式研究型教学转变，引导学生由被动接受型学习向研究型学习转变。

（三）灵活多样的教学组织形式

在教学组织的具体实施方面，应采取灵活多样的教学组织形式，而对传统教学方式进行创新，充分发挥学生的个性，对学生进行激发和引导，使学生经过探索研究而学会自主学习，使教学方式以传授知识向培养学生认知能力和全面素质转变。转变以教师、课堂、书本为中心的教学局面，进行师生互动，展开专题讨论，鼓励自主探索与合作的学习方式，培养学生的探索精神与批判性思维；重视教学的创新性和学生个体间的差别指导，让学生在与教师的朝夕相处中耳濡目染，接受熏陶；以学生亲自动手实践为主，采取提供实践平台、鼓励学生积极参与科学研究实践课程创新的手段，增强教学活力，培养学生获取新知识、分析和解决问题、交流与合作的能力。

（四）制定均衡的高校教育资源配置政策

在重点大学和普通大学之间要实现教育资源配置的均衡。在建设和发展"双一流"大学的同时也要兼顾一般大学，着力改善一般大学的办学条件。还要针对目前不同区域间高校教育差距越来越大的现象，制定相应的区域高校教育政策，寻求不同教育资源在区域间配置的平衡，增强区域高校教育发展的动力。

科学合理的安排高校教育的学科专业布局，加强教学内容和课程体系创新。合理安排课程设置，高校的办学理念、专业与课程设置、教学模式要与社会需求相一致，培养与社会需求相符的人才。首先，在进行学科专业建设时依据"厚基础"原则构建培养本学科专业人才的基础知识、能力和素质结构。其次，在安排学科专业布局时要依据"宽口径"原则，拓宽学生的专业知识面，把专业设置从对口性向适应性改变，实行"宽口径"的专业教育，优化课程整体结构，拓宽专业课程交叉培养，提高教学质量，提高学生的综合素质，培养学生的科学全面发展，为社会提供高素质人才。最后，高校要抓住自身特色，合理定位，遵循差异性原则，建设优势学科，避免模式单一，合理配置教育资源，促进教育公平，促进高校教育科学发展。

（五）因材施教，树立以生为本的教学理念

因材施教，就是根据不同学生的个性特点来进行不同的教育活动，通过对差异性的辨析制定出适合其特点的教学计划。教育公平的实质不是使每一个学生都要获得同样的教育，而是使每个学生都获得适合自身的教育，这就是教育公平的适合性原则。我们要充分认识到学生是教育活动的主体，学生是发展的独立的人，每个学生都有自己独特的个性，我们要做到在制定教学目标、教学模式、教学内容以及教学方法等方面坚持以生为本的教学理念，尊重学生的主体地位，充分挖掘学生的潜能，使学生的个性得到充分发展，塑造学生的健全人格，促进学生的全面发展，促进教育公平的实现。

（六）构建高校教育教学质量保证体系

高校教育教学的质量直接影响着人的全面发展，最终影响经济社会的发展，我们要依据相应的政策法规建立高校教育教学质量保证体系，规范学科专业建设，避免重复建设和教育资源浪费，构建独立的、有权威性的高校教育教学质量评估机构，加强对高校教育教学质量的监督，完善高校教育教学评估政策，充分发挥社会的监督作用，对高校教育教学质量进行监督。

总而言之，追求高校教育教学公平是促进高校教育公平的核心所在，也是促进高校教育创新发展的不懈动力，我们必须继续深化高校教育教学创新，优化高校教育结构，不断提高高校教育教学质量，实现人的全面发展，最终促进高校教育教学公平的实现。

二、办学特色形成

办学特色的形成如下：

第一，教育教学创新，培育办学特色。一所有特色的高校必定拥有自己独特的教育思想和教育教学理念，这种教育思想和教育教学理念能

够在特定的时空环境，指导高校在办学发展过程中的办学思想和办学理念，并能适应时代和社会对教育和人才培养的要求，符合教育思想和教育教学理念的创新要求，符合教育创新发展和社会进步的一般规律，能够促进教育发展方向、人的全面发展及人才培养过程的优化。教育教学的创新必将带来教育思想的转变，先进的教育思想必将促进先进办学思想的实践，包括新的办学目标、办学模式的重新定位标准，如何实现这一标准所采用的方法、途径以及对此办学实践效果的综合评价。

第二，构建学科特色，促进办学特色。学科特色建设是促进高校办学特色形成的关键所在。学科建设作为高校培育人才、科学研究和服务社会三大职能的具体承担者，它的建设和发展水平对高校的人才培养、科学研究、专业建设和师资队伍建设等方面的质量有着重要影响，对高校办学特色的形成有着强有力的支撑作用，并决定着学校的服务能力和水平及办学层次的提高。学科特色是高校办学特色中的标志性特色，是构成高校教育核心竞争力的主要组成部分。学科特色，一是指特色学科，指某一特定的学科特色；二是指学科结构体系特色，指由几个特色学科共同组成的学科特色。特色学科是学科特色发展的基础，学科结构体系特色是学科特色的扩展，真正的特色学科具有不可替代性，是难以被模仿和复制的。

高校在学科建设上不能求"大"、求"全"、求"新"，而要求"精""尖"，要因校制宜地构建优势学科，发挥优势学科所附带的"品牌"效应，形成办学特色。科学家田长霖教授曾经说过，世界上地位上升很快的学校，都是首先在一两个学科领域有所突破，而不可能在各个领域同时突破，达到世界一流。学校要全力支持最优秀的学科，要有先有后，把优势学科变成全世界最好的，其他学科也就会自然而然地提升上来。所以，从某种意义上来讲，一所高校的学科优势所在，也就是这所大学的办学特色所在。

第三，发扬高校精神，形成办学特色。高校应该是思想自由、学术自由，培养人、完善人，不断提升人格和道德，追求学术真理的。高校精神就是在学校里做学问的心理状态和文化立场。高校精神是一所学校内所有成员在长期办学实践中共同创造、传承、逐步发展起来的，被学校所有成员共同认同而形成的一种精神理念，它反映了一所学校的历史文化传统以及面貌，是学校的精神信念和意志品质的准确表达，是学校独特气质的精神形式和文明成果的表现，也是学校所有成员的精神支柱。高校精神犹如个人的品格，是高校最为核心和高度抽象的价值追求和行为规范，决定着高校的行为方式和高校发展的方向，是高校存在和发展的基石，是高校的灵魂和本质之所在。高校精神是高校保持永久活力的源泉，是高校优良传统文化的结晶，是高校在长期教育实践中积淀下来的最具典型意义的精神象征，体现了高校所有的群体心理定式和精神状态，展现了高校的整体面貌、风格、水平、凝聚力、感召力、生命力，最终凝聚形成独有的办学特色。高校的办学理念以及办学实践应该有利于高校精神的形成和发展，并使之形成一种特色教育，经久不衰。

三、推进师资队伍建设

逐步取消高校行政级别，精简高校管理机构，压缩行政费用开支，使教师真正在高校中处于主导地位，同时进行师资队伍建设。百年大计，教育为本；教育大计，教师为本。教师重要，就在于教师的工作是塑造灵魂、塑造生命、塑造人的工作。一个人遇到好老师是人生的幸运，一所学校拥有好老师是学校的光荣，一个民族源源不断涌现出一批又一批好老师则是民族的希望。国家繁荣、民族振兴、教育发展，需要我们大力培养造就一支师德高尚、业务精湛、结构合理、充满活力的高素质专业化教师队伍，需要涌现一大批好老师。

（一）优化高校师资队伍结构

高校师资队伍的结构内容主要包括教师的学历、职称、年龄这几个方面，它可以直观地反映出教师队伍的质量、能力和学术水平的一些基本情况。

这些年来，我国陆续实施了"高层次创造性人才工程""高校青年教师奖""骨干教师资助计划""硕士课程进修"等多项高级资质队伍建设工程。我们要继续加大对骨干教师和优秀学科带头人的引进力度,强化高层次带头人队伍建设。对于高职称的学科、学术带头人、紧缺专业人才要给予一定的政策倾斜,根据学科发展的目标,有目的地吸引高层次人才,以确保高校师资队伍的职称结构比例合理。还要通过有效措施引进高学历人才,提高师资队伍的学历层次。加强本校优秀人才的培养,吸纳来自不同地区和高校的人才,引进与培养相结合,推动人才与资源的有效整合,以利于各学科专业教师整体知识结构的优化,最终促进高校师资队伍结构的协调发展。

(二)提高高校教师综合素质

高校师资队伍建设是高校教育教学创新发展的基石,它直接关系着高校教学质量的提高与否。高校教育的快速发展对高校教师的教育教学思想、知识结构、教学方法等综合素质提出了更高层次的要求,要求教师具有熟练应用现代信息技术和现代教育手段的能力、教学与科研的创新能力、理论联系实际的能力、将知识服务于社会的能力以及良好的社会交往能力,要建设这样一支学术过硬、综合素质较高的教师队伍,我国的高校教育师资队伍建设任重而道远。提高高校师资队伍的综合素质要把师德建设放在首位。师德建设是师资队伍建设的基础,不断加强师德建设,是全面贯彻党的教育方针政策的根本保证,是培养德才兼备的高素质的社会主义建设者和接班人的必然要求。在高校师资队伍建设中要遵循"以人为本"的原则,牢固树立"师德兴则教育兴、教育兴则民族兴"的爱国主义教育教学理念,要求教师不断更新观念,用现代教育思想充实自我、完善自我,推进高校师资队伍建设,建设一支为人师表、作风优良、爱岗敬业、治学严谨、教学科研能力强、与时俱进的高素质教师队伍。

提高高校师资队伍的综合素质要注重教师教学素质的培养。教学是培养人才的直接途径,也是高校的主要工作,教师是教学的实施主体,培养教师的教学科研能力是提高教师教学水平的主要途径。要改变过去只注重学历的提高而忽视教育教学能力培养的状况，既要注重教师专业学术水平的提高，也要重视教师教学水平的提高。要求教师掌握教育教学理论、教学方法以及教学规律，增强教师提高教育教学水平的积极性和自觉性。还要加强教师对科研工作的重视，为教师提供进行科研创新的条件，提高高校师资队伍的科研能力、学术水平和教师职业化水平。以"特色专业—精品课程"建设和聘任重点学科带头人为龙头，加强重点学科带头人、学术带头人、学术骨干队伍建设，在部分学科领域形成独具特色的人才群体，致力于学术大师和教学大师的培养，带动师资队伍整体水平的提高。

总之，我们要把高校师资队伍看作一个整体，通过多种方式培养高校师资队伍的现代教育教学。提高教师的专业理论学术水平、教育教学能力、科学研究能力以及科学文化素养，全面提升它的教育教学功能、团队协作功能、科研开发功能及社会服务功能，使其掌握先进的教学、科研方法，具有崇尚科学、勇于创新的开拓精神，具有为高校教育事业不懈追求的精神，为高校培养一支具有良好的职业道德、较强的教学科研能力和充满活力的高素质师资队伍。促进高校教育教学质量和水平的提高，促进师资队伍建设的良性循环，促进我国高校教育教学创新，为高校教育创新的跨越式发展奠定基础。

四、创新课程体系及教学内容

（一）课程体系创新

首先，要优化和调整学科专业课程结构，因材施教，分层次教学、分类别培养，同时进行主辅修、双学位、定向培养、中外合作办学等多样化的人才培养模式，在满足不同基础学生学习的需求和发展需要的同时也能促进人才培养质量的提升；其次，在课程结构上，打破传统的单一课程结构类型，即分科课程、国家（或地方）课程、必修课程，重新调整课程结构，优化课程体系。综合课程、必修课程和选修课程都要各自占有一定的比例，以"本科规格＋实践技能"为特征，重视学生的个别差异，坚持四个结合，即理论与实践、人文教育与专业课程教学、课内与课外、校内与校外相结合，构建一种合理的适合学生发展的课程体系，最终培养学生具备两个方面的素质——文化素质与创新素质，提高四个方面的技能——基本技能、通用技能、专业技能、综合技能。

在高校基础课程教育上，构建综合基础教育体系，所有学科专业都进行国防教育、人文教育、自然科学基础教育、德育实践等基础知识培训。要构建综合实践体系，搭建公共实践平台，包括专业实验、实习、设计、毕业设计（论文）、德育实践、科技文化实践、创新实践等。还要构建学生实践能力考核体系，对学生的综合实践能力进行考核，进行"创新课程"研究，转变理论基础。创新课程所依据的理论基础由心理学扩展为社会学、经济学、文化学、政治学和生态学等更具包容性的学科领域。创新不仅包括首次创造，也包括对他人所创造出来的成果的重新认识、重新组合和设计应用。

创新课程并不是以学科的方式向学生传授一整套如何创新的知识、方法和策略，也不是以学生获取学科知识为中心，而是以综合实践的方式为学生提供相对独立的、有计划的进行研究性学习、设计性学习、体验性学习、实践性学习、反思性学习和生活性学习的学习机会，让学生从自己的现实社会生活中自主选择研究课题并通过对开放性、社会性、综合性和实践性问题的探究，形成自己独特的学习方式，培养学生的创新精神、探究能力、开放性思维、社会实践能力和社会责任感。同时，创新课程也是一种创新性理念，指在一种课程开发与实施的过程中除了独立的综合实践课程之外，原有的所有课程科目在具体实践中都要设置一些必要的干扰性因素，并通过课程内容的复杂性、模糊性来增加课程的难度，以培养学生的探究能力。

（二）教学内容创新

遵循"厚基础、宽口径、强能力、重质量"的复合型人才培养原则，重新规划和设计教学内容与课程体系。改变过去只在专业学科范围内设置专业课、专业基础课、基础课的"三级"课程编排方式，构建专业必修、专业选修、学科必修、公共必修、公共选修五大课程体系，对教学内容与课程体系进行重新规划和设计。按照学科专业普遍大类平行设计学科专业类课程、新公共基础课程、文化素质教育课程和实践性教学课程等较大教学课程内容体系，增加选修课，减少必修课，对公共课进行分级分类教学。

厚基础就是使学生熟练地掌握各个学科专业的基础理论、基础知识、基本技能，并能扎实地运用到实践中去，强化学生基础知识体系，打造精品课程。进一步加强学生基础理论、基础知识、基本技能和基本方法的学习与实践，进行优秀主干课程建设和基地品牌课程建设，重点建设基础较好、适应面广的学科专业基础课、主干课和专业课，使之达到国家精品课程建设标准。

宽口径就是拓宽学生的专业知识面，把专业设置从对口性向适应性改变，实行宽口径的专业教育，提高学生的综合素质，为社会提供高素质人才。在课程体系建设上，优化课程整体结构，拓宽专业课程交叉培养，提高知识质量，加强学生文化素质教育。在公共必修课程之上可以设置学科必修课程，按照分类搭建课程平台，注重文理交叉，在课程体系中设置跨专业课程，强化专业渗透，为学生的宽口径发展搭建学科基础平台。优化学生知识结构，让学生根据自己的专业特长、兴趣爱好和发展趋向自由选择，进一步拓宽专业口径，培养学生综合素质。

强能力、重质量就是从培养学生全面发展、提高学生综合素质出发，以分析、模拟、教学等基本形式展开实践教学，加强课堂内外的实践教学环节，并通过组织社会实践、社团活动、专业实习等实践活动培养学生的务实能力、操作能力，注重学生的人格塑造，充分挖掘学生的潜能，注重培养学生"从一般到个别"的解决能力，着重训练学生"从个别到一般"的调查分析能力，帮助学生养成可行性分析的良好思维习惯，使培养出的学生具备强能力、高质量。

（三）注重实践教学创新

针对我国高校教育教学创新中出现的各种状况，《教育部财政部关于实施高校教育本科教学质量与教学创新工程的意见》中决定实施教育教学质量工程,中央财政投入大量的资金支持质量工程建设。同时,教育部也发出了《关于进一步深化本科教学改革全面提高教学质量的若干意见》,指出要重点落实实践环节,拓宽高校学生校外实习、实践渠道,与社会、行业以及企事业单位共同建设实习、实践教学基地,力求提高高校学生的实践能力。对学生进行实践教育,并多方面采取各种有效措施,确保学生专业实践和毕业实习的时间和质量,把教育教学与社会实践紧密地结合起来。

开展实践教学,要求学校通过开辟各种有效途径为学生搭建实践平台,建立一批相对稳固的课内外学生实习和实践基地,并积极组织学生进行社会实践、调研、实习等活动,逐步培养高校学生的敬业精神,培养他们艰苦奋斗的精神和坚韧不拔的意志,有计划、有目的地推动大学生自觉自愿地加强职业道德素养。逐步培养学生的实践创新能力,积极支持学生创新创业活动,致力于学生创新素质的发掘和培养。创新素质主要包括创新意识、创新精神、创新能力等三个层面的内容。在一个创新型国家的建设进程中,这种全新的创新素质正逐渐成为学生在就业市场竞争中的核心竞争力。

五、教学模式和方法创新

人才的培养是一个复杂的系统工程,必须不断探索其内在的规律,摈弃不合理的教学模式,认真细致地研究教学,研究其内在的多重因素——教学理念、教学内容、教学方法、教学模式等,从而掌握教学的规律。因此,我们提出了"教学民主"的教学观念,对传统的教学模式进行创新,开创研究性教学、开放性教学和互动性教学等一些能够体现"教学民主"的经典的教学模式,充分突出学生的主体性地位,激发学生的主动参与意识,开发学生的学习潜能,创设民主、和谐的学习氛围,指导学生学会学习,在教学中建立一种和谐的师生关系,充分调动学生学习的自发性和积极性,保证学生和谐的全面发展。

（一）推广研究性教学，培养学生的创新意识

教学从知识传递向注重能力培养的转变，必然要求教学方式方法的变革，推进研究性教学正是深化教学创新的重要路径，也是研究型大学人才培养的一个基本特征。研究性教学是一种将教师自身的研究思想、方法和最新成果引入教学过程的教学模式。通过研究性教学，使教学建立在科研基础上，科研促进教学的提高，教学与科研互动并向学生开放，从而引导学生在参与教学过程中步入科研前沿，激发学生主动思考、主动探索、主动实践的创新意识。

第一，研究性学习的过程是情感活动的过程。通过让学生自发地参与探究性学习活动，获得亲身体验，逐步形成一种在日常生活和学习中勇于探索、努力求知的良好习惯，从而激发探索和创新的积极欲望。

第二，研究性学习的过程就是一个探索的过程。在一个相对开放的环境中寻找问题和探讨解决问题的过程。通过这一过程，可以培养学生的思维能力，培养学生发掘和解决问题的能力，对学生掌握一定的科学的学习方法，增强学生对资料的收集能力、分析能力、总结能力以及学会利用多种有效手段、多种途径获取信息都有积极的推动作用。

第三，研究性学习的过程是一个互动的学习过程。在这个互动的学习过程中离不开学生与团体、学生与学生之间的沟通与合作，可以说研究性学习为学生提供了一个人际沟通与合作的良好空间，为学生分享研究资料、学习信息、创意和研究成果以及发扬团队精神提供了一个很好的交流平台，培养学生学会合作、发现问题、克服困难、共同解决问题的能力。研究性学习的过程也是一个实践的过程，要求学生从实际出发，实事求是，尊重他人研究成果，严谨治学，积极进取。

第四，研究性学习的过程也是一个培养学生全面素质提高的过程。通过学习实践加深了对科学的认知以及科学对自然、社会的积极意义与价值，使学生懂得思考国家、社会、人类与世界共同进步、和谐发展的伟大命题。在培养学生的创造能力和实践能力之余还培养了学生形成积极的人生观、价值观。研究性学习过程也为学生提供了综合运用各门学

科知识的机会，加深了学生对已学知识的重新记忆，培养学生的积极参与能力以及自主创新能力。

（二）推广开放性教学，培养学生的创新能力

开放性教学是为了鼓励学生主动积极地去探究知识规律，对传统教学过程中影响学生发展的不合理因素进行创新，从而培养学生自主创新性学习能力的新型教学。开放性教学的主要思想理念在于以学生的发展为本，通过教学目标、教学方法、教学内容以及整个教学过程的开放，从传统的课堂教学走向开放式教学，充分发挥学生的主体作用，让学生自己掌握学习主动权，自己去探索、发现，培养学生的创新能力。在开放性教学中，教师不能仅仅拘泥于教材、教案的内容，要给学生提供充分发展的空间，创设有利于学生自主发展的开放式教学情境，根据学生的发展状况不断调整教学过程的每一个环节，激发学生学习的动力，促进学生在积极主动的探索过程中健康、全面、和谐地发展。开放性教学不只是一种教学方法、教学模式，它还是一种教学理念，它的根本目的是让学生的创新潜能得到充分发展，以开放的教学活动过程为路径，以最优教学效果为最终目标。

（三）开创互动性教学，提高教学质量

互动性教学就是在教学过程中充分发挥师生双方的主动性，师生之间相互交流、相互探讨，促进师生共同发展，最终优化教学效果，共同完成教学目标的一种教学模式。互动性教学可以活跃课堂气氛，而且能够及时反馈学生的学习进度以及掌握知识的规律。互动性教学包括教与学的互动、教学理念的互动、心理的互动以及形象和情绪的互动等。互动性教学是一种富有生命力的创造性教学，有着现代性、互动性和启发性的特点。它要求教师按教学计划组织学生系统而有目的的学习，并要求教师按学生的发展要求有针对性地因材施教。促进教师努力探索、学习，不断提高自己的专业水准和教学水平，同时激发学生学习的积极性，促进学生个性的发展，提高教学效果和效率，最终提高教学质量。互动性教学以学生为主体，以教师为主导。提倡师生平等的沟通、交

流，让学生在没有压力的情况下轻松自由的学习，让学生参与教学计划、教学决策，有利于培养学生自觉学习和主动学习的能力以及创新学习的能力。

六、重视高校学生文化素质教育

学生文化素质教育是高校高质量人才培养的重要组成部分，是我国高校教育教学创新的一个重要方面，要将文化素质教育贯穿于高校教育的全过程，进而实现教育的整体优化，最终达到教书育人的目的。高校学生的基本素质包括文化素质（思想道德素质）、专业素质和身体身心素质，其中文化素质是基础。文化是人们所创造出来的物质和精神的成果，是人的活动的对象化、物化，是人观念存在的形式，是超越个人的实物形态或观念形态。一种文化一旦被创造出来，就不再受时间、空间、个人的限制，就会被广泛地传播和使用。文化素质就是人们所拥有的所有文化知识的内在的积淀，文化素质对于人们的人生观、价值观的形成具有基础性的决定作用，并最终成为行为的指导规范。同样，人们已有的人生观、价值观也会反作用于文化素质。提高学生素质教育，主要是指文化素质教育及创新精神、实践能力的培养。文化素质教育重点指人文素质教育，主要是通过对学生加强文学、历史、哲学、艺术等人文社会科学、自然科学方面的教育，以提高全体学生的文化品位、审美情趣、人文素养和科学素质。

（一）提高高校学生文化素质教育的目的和意义

国家要发展，经济是中心；经济要振兴，科技是关键；科技要进步，教育是基础。由此可见，教育在我国发展中的作用和地位是重中之重的。在发展过程中，需要主体——人，是有知识、有文化、有创造力的人，进行社会发展和变革。因此，发展最根本地又被归结为人的发展。高校教育，主要是培育有知识、有文化、创新型人才，高校教育能够产生新的科学知识、新的生产力。高校教育的三大职能之一是发展科学，高校教育在传输知识、培养人才的同时，亦创造新的科学理论。高校教育所培养的不同专业、不同层次的各种文化素质人才在社会生活各领域的作用，将直接、间接地影响全社会的可持续发展，可持续发展的教育观念即是应从全社会可持续发展的角度来审视教育的创新与发展。在高校教育中，我国已从办学体制、投资体制、管理体制、教育教学、招生就业、考试制度等方面进行了多层次的创新，已经逐步走上了一条可持续发展的新道路。当然这条道路并不平坦，在进行创新的过程中会有诸多的问题凸显出来，其中提高高校学生文化素质教育显得尤为重要。

(二) 观念变化对高校学生文化素质的影响

我们生活的时代正处于急剧变革的社会转型时期，人们的生存方式和形态也随之发生了历史性的变化。目前，受社会上一些现象的影响，各种媒介的导向作用，使我国高校学生的价值观、文化观都发生了巨大的变化。"价值观是人们对人和事的评价标准、评价原则和评价方法的观点体系。它具体表现为信念、信仰、理想和追求等形态。一定的价值观反映着在一定生产关系条件下人们的利益需求，决定着人们的思想取向和行为选择。"在经济日益全球化的今天，经济的迅速发展，物质的极大丰富，也在刺激着高校校园，高校学生作为最敏感的社会群体之一，其价值观也随之不断变化。当前经济发展、教育创新与媒体导向等是影响大学生价值观变化的主要因素。

文化观是一个人对待文化的态度。我们要树立正确的文化观，不狂妄自大，不妄自菲薄。合理对待外来文化，不一概排斥，但也绝不崇洋媚外。

(三) 提高高校学生文化素质的途径

提高学生文化素质教育，必须将文化素质教育贯穿于高校教育的全过程，要求培养出的学生具备人文科学素质、自然科学素质，具有较强的综合能力，如观察分析能力，研究思考能力，语言、文字表达能力，决策能力，组织能力，处理复杂关系的能力以及应用计算机和现代信息技术进行学习、工作和生活的能力，从而实现教育过程的整体优化，最终达到教书育人的目的。提高学生文化素质，必须从以下三方面做起。

第一，提高学生文化素质教育，高等院校必须转变教育观念，必须进一步加大教育教学创新力度，建立科学的课程体系，创新教学内容和教学方法。首先，转变教育思想并更新教育观念。我们要转变教育思想、更新教育观念，在教育过程中要注重对学生创新能力的培养，开发学生的潜力，让学生在受教育过程中享受到创新的乐趣，积极进取，把学生培养成为全面发展的人。其次，构建科学的课程体系，进行教学内容和课程体系创新，充分发挥以课堂教学为主体的导向作用。文化素质不能纯粹以自然的方式在现实生活中靠个体的感悟和体验来获得或提高，而是需要精心设计和安排，以科学而系统的课程体系为支撑，通过发挥课堂教学的主导作用，来实现学生文化素质教育的目的。总的来说，要全面提高高校学生的科学素质与人文素养。在具体教学过程中，应强调人文与科学的自然渗透与融合，必须包括文、史、哲、自然科学等多学科门类的知识内容来构建多学科交叉的高校课程体系，为培养学生科学素质和人文素养提供广博而深厚的文化底蕴。强调课程体系的科学性，使学生通过各种必修课和选修课的学习和探索，形成合理的知识结构和深厚的知识基础。

第二，提高学生文化素质教育，高等院校必须提高教师队伍质量，使教师的科学素质和人文素质全面提高。蔡元培曾指出，大学为纯粹研究学问之机关，不可视为养成资格之所，亦不可视为贩卖知识之所。学者当有研究学问之兴趣，又当养成学问家之人格。"师者，所以传道授业解惑也。"教育工作者是社会主义核心价值体系的宣传者和教育者，"身教重于言教"，教育工作者要发扬严于律己、以身作则、率先垂范的优良作风，自觉自愿地做到诚信、肯学、肯干，带头实践我们所提倡的道德标准、价值观念和理论要求，真正起到教育和带动广大学生的领头作用，只有这样，才能真正提高和发挥社会主义核心价值体系中教育工作的说服力、吸引力和感染力。

第三，提高学生文化素质教育，必须创新人才培养模式，把知识、能力和素质三者有机地结合起来，贯穿于高校教育的全过程。使高校学生在这三个方面获得和谐的同步的提高，以期造就出高素质的全面发展的人才。要培养学生拥有良好的文化素质修养，不仅是传授文化知识，而且要教给他们获取知识的方法和技能，在获取知识的同时，让能力得到充分的发挥，个人素质得到充分提高，这才是教育创新的最终目的，这才是教育的真正目的。蔡元培先生曾说，教育是帮助被教育的人，给他能发展自己的能力，完成他的人格，于人类文化上尽一份的责任；不是把被教育的人，造成一种特别器具，给抱有他种目的的人去应用的。

除此之外，还要全社会的积极配合，媒介充分发挥积极正面的舆论导向作用等，只有这样，培养出的学生才是全面发展的人，才会成为有益于社会、有益于人类的有价值的新型知识人才，才能继续推动教育创新，才能推进整个社会的可持续发展。

七、人力资源强国战略推动高校教育教学创新

实施人力资源强国战略，关键在于建设高校教育强国。进入 21 世纪，国家站在创新开放和加速社会主义现代化建设的高度，提出了实施人力资源强国战略的重大举措。

高校的职责就是为建设高校教育强国提供强有力的人才保障和科技支撑。当前我国高校教育已经实现了跨越式的发展成为一个高校教育大国。要想建设成为一个人力资源强国，必须以人为本，从创新教育观念、突出高校办学特色、深化高校教育教学创新和完善体制等方面全面推进高校教育创新，才能将我国从人口大国建设成为人力资源强国。我国高校教育人力资源开发的构想是坚持"人力资源是我国持续发展的第一资源"的战略决策，从 2011 年到 2020 年，高校教育入学率达到40%，各类高校教育在校生人数达到 3300 万人左右，这一时期高校教育学龄人口规模的下降，高校教育普及程度快速提高，研究生在校生人数达到 200 万人以上，打造若干所世界高水平大学，造就一批世界级先进学科，大幅提高国家科技的原创力，培养一大批拔尖创新人才，争取

实现我国诺贝尔奖零的突破；从 2021 年到 2050 年，高校教育入学率达到 50％以上，进入高校教育普及化阶段，各级教育都达到较高发展水平，实现从追赶到超越的战略转变，跨入教育发达国家行列，成为世界高校教育人力资源强国。

我国从高校教育人口大国迈向高校教育人力资源强国的构想是：从 2002 年到 2020 年，每百万人口中科学家和工程师人数达到 1500 人左右；从 2021 年到 2050 年，每百万人口中科学家和工程师人数达到 3000 人左右，实现高校教育人口大国向高校教育人力资源强国的跨越发展。我国必须在全面建设经济型社会的同时全面建设学习型社会，强化高校教育人力资本投资，使我国高校教育人力资源的结构更加合理、总量更加充足、质量更加提高、体系更加完善，最终带动全体人民的学习能力和就业能力的发展，提高人民的整体素质和综合能力，使我国从教育人口大国迈向人力资源强国。

第三节　高校教育教学理念创新的举措

一、树立终身教育的教学理念

终身教育、终身学习的思想是近代以来各国教育界乃至思想界的热门研究课题之一，构建终身教育体系、创建学习型社会也逐渐成为联合国以及世界各国指导教育改革和社会发展的基本理念。终身教育论者认为教育具有时空的整体持续性，即教育与学习"时时都有，处处皆在"。传统教育往往将人的一生分割为三个时期，即学习期、工作期、退休期。终身教育则冲破传统教育的观念，认为教育应当包括人发展的各个阶段及各个方面的教育活动，既包括纵向的一个人从胎教开始直至死亡的各个不同发展阶段所受到的各级各类教育，也包括横向的从学校、家庭、社会等各个不同领域受到的教育。

《中华人民共和国教育法》明确提出，要"建立和完善终身教育体系"。《面向21世纪教育振兴行动计划》进一步明确,"终身教育将是社会生产力发展与社会进步的共同要求",要"基本建立起终身学习体系"。可见,终身教育、终身学习,已经成为我们的教育和社会理想,建立和完善终身教育体系,已成为我们义不容辞的职责。因此,要树立终身教育的教学理念,将各类教育形式有机结合,合理配置,创新高校教育的教学模式。高校教育肩负起发展终身教育的重任,依据社会的发展,职业的需求搞好高校教育、岗位培训、知识更新教育和继续教育,尽可能满足社会和经济发展的各种人才的要求。

强化开放办学的指导思想。联合国教科文组织发表的《德洛尔报告》中指出:"如果大学能向所有希望恢复学习、接受和丰富知识或渴望满足文化生活的成年人敞开校门的话,大学就能成为人们一生中受教育的最好讲台。"世界许多国家通过开放办学使高校教育从精英教育转向大众教育,甚至普及教育。

我国高校教育由传统办学转为开放办学,一方面要大力发展远程教育和网络学校,采取"宽进严出"政策,向每一个人提供接受本、专科水平的高校教育。远程教育和网络学校由于不受时间和空间限制,更加适合各类在职人员的学习需要,必将部分取代传统高校教育的函授、夜晚学校和自学考试的多种助学方式,成为21世纪高校教育发展新的生长点。另一方面要充分利用高等学院是社会主义经济建设当班人这个得天独厚的优势,与企业、社会建立更为密切的关系,把学校办成教学、科研和经济建设的联合体,提高高校教育在市场经济条件下的办学效益和造血功能,使高校教育在自身发展壮大的同时,进一步提高为社会服务的功能。还要有强烈的国际意识,推进和发展高校教育的国际交流与合作,大胆吸收和借鉴世界高校教育的成功经验,使我国的高校教育建立起一个面向社会、放眼世界、兼收并蓄、博采众长的开放体系。

二、拓展德育教学的教学模式

从职业发展理论来讲,高校教育在德育教学上的问题,将影响职场个体的职业发展精神和职业道德素养的培育。但是高校教育对象的特殊性，决定了学员德育教学的艰巨性、复杂性。一般意义上的德育教学很难达到令人满意的效果，高等德育教学也成为高校教育中最为薄弱的环节。因此，创新基于职业发展理论的高校教育教学模式，应当积极拓展高校教育中德育教学这一重要组件。

（一）拓展德育教学的内容结构

现代德育是以社会现代化、人的现代化为基础，以促进人的现代化为中心，进而促进社会的现代化的德育。现代德育必然要反映现代社会中人自身道德发展的要求，反映现代社会发展的要求。因此，在围绕高等德育内容的构成上，应该更具广泛性、现实性。职业道德是衡量一个从业者道德水平高低的重要标尺，它影响和决定人们劳动的态度和方向，成为决定劳动者素质水平的灵魂，在高校教育内容中居于核心地位。另外，高等德育要指导受教育者运用科学先进的价值理念学会判断、学会选择、学会创造。随着科技、经济、社会的发展，人们的生活方式、价值观，包括道德观念、道德准则不断变化，原有的某些道德观念、道德规范有可能过时，不可避免地需要提出一些新的道德准则和规范。例如，在科学道德、信息道德、经济道德、网络道德、生态道德等领域特别需要具体的规范，特别需要道德的创造。因此，这也应该是高等德育教学的重要内容。

（二）拓展德育教学的教学形式

拓展德育教学的教学形式必须充分利用现有教学资源和条件，选取在教学中已经成形的教学方法和模式进行拓展延伸。

第一，应当充分运用课堂教学，开展德育教育。课堂教学是学员学习的主要形式。在课堂德育教学开展过程中，根据高等学习的特点，在教学计划和教学内容上，都要做特殊要求，教育内容应该根据市场经济的形势，适时调整德育目标。将以往的"完人道德"调整为"高等道德"教育。教育过程中要坚持先进性和普遍性相统一的原则，立足市场经济的实际，提倡"为己利他"的道德建设目标，把"利己不损人"作为道德底线，并且把健全的人格塑造放在德育工作的首位。同时，注重发挥学员主观能动性，强化课堂师生双向互动，创造轻松、活泼的德育氛围，保证对学员开展有效的德育教育。可以聘请知名专家举办专题报告，作为特殊课堂形式，加强对学员人生观、职业道德、现代教育教学和传统文化的教育。总之，无论课堂内外，德育教育的目标和德育教育的重点应在学员健康人格的塑造上，使学生明了道德建设是人格修养不可或缺的一部分时，他们才能接受我们的教育。

第二，利用多媒体教学，强化德育教学效果。传统的授课方式无法满足现代高校教育德育教学的需要。因此，在德育教学过程中，要以鲜活生动的实例来感染学生。通过学生自主的情感判断来塑造道德榜样，唤起对道德善行的崇敬之情，在纷繁复杂的社会现象中找到自己的道德归宿。注重现代教育技术的充分运用以及信息技术与学科资源的整合。充分利用电影、电视、教学录像等信息化、电子化、智能化的多媒体教学手段，借助于这些灵活多样、内涵丰富的声、光、图像等教学形式的直观冲击力，增强学员的兴趣，使学员的认识更加深刻，产生事半功倍的理想教学效果。此外，可以利用网授以及远程教学发挥网络教学的优势，拓展德育教学空间，克服高校教育教学时空上的局限性，整合课堂教学和多媒体教学的优势，充分发挥网络资源在教育教学中的作用；借助网络实施网络教学，可以将专家、学者的精彩专题报告、德育教学录像制作成教学辅导光盘在教学辅导网站上和有条件的教学点进行播放。

这一生动、灵活、便捷的德育教学形式克服了高校教育时空上的制约，发挥了网络便捷、高效、涵盖广、辐射面大的优势，最大限度地拓展了德育教学空间，为广大学员提供了全天候德育教学服务。

(三) 拓展德育教学的评价体系

基于高校教育的特殊性，高等学习者的德育考核评价有别于其他一般的考核，具有自身的特殊性。因此，凡是列入教学计划的内容，可以通过知识考试的手段进行考核评价；对于学员的思想观念的考察，可以通过日常管理中的操行鉴定来考核评价；对于学员的行为考核主要由学员工作单位出具考核鉴定和进行跟踪问卷调查。另外，为了充分调动广大高等学习者的积极性，鼓励他们在思想上、学习上积极进取，可以建立评优奖励制度，进行精神和物质奖励。对表现差的学员进行批评教育。通过长期的探索以及多年以来高等教学的实践，制订一系列评判原则和标准，建立以职业发展为基础的高校教育德育教学全方位评价体系。

(四) 拓展德育教学的管理网络

高校教育的德育教学是一项复杂的系统工程，必须要动员主办学校、学员家庭等全方位参与，才能实施有效的组织管理。主办学校根据国家的有关规定，结合高校教育的特点，制订德育教学计划，科学、规范、可行的评价考核标准以及考核措施，如班主任配备，班级临时的党、团支部活动安排等，负责德育教学的实施和知识考核。学员居住的社区和学员所在单位承担着对高等学习者的平时监督、检查的作用，负责平时的思想政治教育。高等学习者所在单位具体负责学员日常行为、思想观念等方面的鉴定意见。通过三个环节的协调一致，才能形成高等德育教学的组织管理网络。

三、确立多元化的教学模式

创新基于职业发展理论的高校教育教学模式，需要以高校教育学员的职业发展需求为导向来设计多元化的教学模式，创造一种超越时空限制的弹性化学习机制。确立多元化的高校教育教学模式，必须体现高等教育特点，以高等教育的生活、需要与问题为中心，突出能力培养与多种教学范式综合运用的教学活动与形式。新的教学模式应强调个体的思维能力和动手能力，而非只学习基础知识，强调解决问题的能力，强调培养学生面对快速变革的职业生涯和多元的价值取向所应具有的包容能力和理解能力。在课程建设目标上，要更加强调综合能力和建立在个性自由发展基础上的创新能力。在教育建设中注入科学精神和人文精神，以滋养和陶冶学员的性情，帮助其顺利走上职业发展道路。

按照教学对象的细分，我们可以把多元化的教学模式分为学员为主产生的教学模式、学员为业余产生的教学模式、学员为函授生的教学模式。对于第一种即学员为主产生的教学模式，其教学目标为系统地掌握知识、方法和技能，综合素质全面提高；其教学内容为基础理论＋专业理论＋专业技能；其教学方法与手段为课堂教学法（主）＋试验实践教学法（主）＋网络教学法（辅）。对于学员为业余产生的教学模式，其教学目标为较系统掌握知识要点，具备从事专业岗位的知识结构与知识适用能力；其教学内容为基础理论＋专业理论＋理论运用；其教学方法与手段为课堂教学法（主）＋网络教学法（辅）。对于学员为函授生的教学模式，其教学目标为了解一定的理论知识要点与基本具备进一步的提高能力，基本具备知识要点使用能力；其教学内容为基础理论＋专业理论＋理论适用；其教学方法与手段为网络教学法（主）＋课堂教学法（辅）。

在具体的实践中，确立多元化的教学目标应注意以下两点。

第一，确立多元化的教学模式应突出学员的能力培养。函授生、业余生来源于生产、服务、管理第一线，具有较强实践工作经验，但理论知识相对较缺乏，因此需要通过专业知识的学习与深化，强化理论知识与实践的结合，培养专业技术知识的综合运用能力，而产生的学习目的是适应市场变化新形势，通过学习找到较满意的工作。因此，高校教育教学模式必须体现以高等需要为中心的"突出能力培养"的目标。

第二，应提倡跨时空的教学形式。高校教育学生的工学矛盾突出，文化基础差异较大，这为教学组织和教学质量的提高增加了困难。而以网络为基础的教学手段则有效地解决了以上问题，一方面，网络教育不受时空限制，从而为成教学生提供了跨时空的学习环境。另一方面，网络教育作为一种教学补充，有利于基础较差者的知识补充。因此，多元教学模式必须具备"虚拟学习环境与学习社区"功能。第三，确立多元化的教学模式，应转变教育观念，改革和创新教学方法，采用适合高等学生心理特点和社会、技术、生活发展需要的教学方法。

四、引入校企合作的教学模式

在高校教育过程中，由于高等学员身份的特殊性，他们往往要兼顾学习和工作的双重压力，难以在两者之间恰当地分配时间、精力，形成较难解决的工学矛盾。另外，就职业发展理论而言，高校教育教学模式必须考虑到学员的职业发展需求是以学习专业理论和专业技能为主。为了找到学习和工作之间的平衡点，并提高学员的实践动手能力，有必要引入校企合作的双元制教学模式，以夯实学员的职业发展道路。

（一）建立校企联动机制

合作的前提是信任和需求，关键是寻求联动的结合点，否则难以形成合力。从前面的分析中我们已经清楚地意识到，校、政、企三方都有实施教育的愿望和条件，这就给创建"学校主办、企业和政府协办或督办"的共同办学联动机制铺平了道路，也为实施校政企合作人才培养模式扫清了障碍。

对于学校、政府、企业而言，发展是大家关注的焦点。因此，校、政、企联动的逻辑起点应该是发展。学校发展主要体现在人才培养上，政府（社会）、企业发展需要人才，人才就成为双方或多方联动的结合点。要让学校、政府、企业围绕人才培养走到一起，必须建立有效的联动机制，包括管理制度和运行模式。必须建立以现代信息技术为依托的网络交流平台以及信息员联络制度和信息发布制度，畅通对外宣传和信息沟通渠道。

（二）规范校企管理模式

双方或多方合作，必须以合同或协议的形式建立一种有约束力的办学关系，明确双方责任与义务，从而确保合作的有效性和规范性。同时，必须充分尊重高校教育规律和高等学员特点以及政府、企业的实际需要，建立以主办学校为主、政府和企业参与的教学管理制度，共同商议、决定重大事宜，合理安排各教学环节，确保教学质量，达到规范性与灵活性的完美结合。在办学实践中，我们实行的是项目管理，即由学校高校教育主管部门和企业、政府负责人组成项目管理组，共同研究制定培养计划、管理制度并组织实施。在具体的教学实施过程中，校、政、企各方紧密合作，及时掌握教学情况，有力地保证了人才培养质量。

(三) 合理设置培养目标与教学计划

高校教育培养适应生产、建设、管理、服务第一线需要的德才兼备的应用型高级专门人才。要实现这个培养目标，关键是要制订一个以较高层次的技术应用能力为主线的培养方案，构建科学、合理的课程体系，确定学以致用的教学内容以及与学员的职业发展、从业岗位密切相关的实践教学环节。因此，必须彻底改变沿袭普通高校教育的人才培养模式，建立"学历＋技能"的学科课程与技能培训相结合的课程体系。学员来自各行各业生产、管理、服务一线，有的还是管理和技术岗位骨干，对职业、技术及其所需知识有着深刻的认识。学员所在单位和部门也希望自己的员工能学有所获、学有所成、学以致用。因此，我们在制定教学计划时，应该充分利用学员及其所在单位这一宝贵资源。让学员和社会各界充分参与到教学计划制订和课程设置中来，使我们的教学计划、教学内容更具针对性和实用性。实践证明，高校教育校、政、企合作人才培养模式是一种多方共赢的人才培养模式，也是高校教育事业可持续发展非常有效的一种模式，随着科技、经济、社会的持续快速发展它必将拥有一个美好的前景。

校、政、企合作之路还在探索之中，许多深层次问题还需我们在实践中不断地探索，如合作模型与运行机制问题、学历教育与技能培训关系问题、学员考核与评价问题等。我们必须在实践中改革创新，拓宽运作思路，主动走出校门，将高等高校教育真正办成面向社会的开放式教育，为社会各界、企事业单位提供更好的教育服务。

五、以学员为教学中心

职业发展理论的核心是职场个体的职业生涯发展，说到底是以人为中心的考虑点。因此，基于职业发展理论的高校教育教学模式的创新也应当坚持以人为中心的价值取向。"大学之道，在明明德，在亲民，在止于至善。""亲民"和"至善"从主客观方面都体现了人本思想。坚持以人为本，树立全面协调可持续发展理念，体现在高校教育教学中主要是坚持以学生为中心，以人的教育为出发点，以人的教育为归属。

　　这就意味着高校教育的教学评价必须着眼于人的发展，着眼于社会对人的多元化的需求，而不能局限于知识的考核。基于职业发展理论的高校教育教学模式，要体现以学生为本的思想，就必须要尊重学生的评教权，尊重学生对教学过程的选择权，缺少这两者，就无法做到以学员为本。高校教育学生在接受教育时，他们不需要被动接受一些对他们没有用的知识，而是需要搜索对自己有价值的知识。他们需要的是一种自我的选择知识和构建知识的权利。因此，创新基于职业发展理论的高等高校教育教学模式应当坚持以学员为教学中心的价值取向。

　　基于职业发展理论的高校教育教学模式应以学员的实践动手能力为基本的评判标准。众所周知，高校教育与普通高等教育同属高校教育的范畴，它们有共性，但毕竟是两种不同的教育形式，有着它们自身独特的个性。但时至今日，仍有相当多的人以普通高校教育的观念、普通高校教育的模式、普通高校教育的标准来套用、衡量高校教育，力求在质量与规格上应与普通高校教育"同类""同质""同轨"。这在学生的就业与求职中表现得最为明显。高校出于对学生前途着想，只好在日常教学与考核上，变求同存异为全同不异，导致高校教育慢慢被普通高校教育同化。踏入职场，接手工作岗位，对于缺少高等学历文凭和高等文化教育的他们来说，扎实学习一门专业学科并培养较强的实践动手能力，才是他们在职场上安身立命之根本，并且以此作为日后职业生涯发展的基石。因此，创新基于职业发展理论的高校教育教学模式应当坚持以实践能力作为评判标准的价值取向。

第三章 高校教育教学创新实践

教育教学思想是大学教育中的一个最基本的最能体现出一所大学精神所在的一种教育思想观念，它是大学在寻求发展中的一个永恒的话题。一种全新的具有创新精神的教育教学思想的确立和演变，可以推动大学教学内容方法以及新型高素质人才的培养模式乃至大学教育制度的变革，逐步演变成为大学发展的精神核心。

第一节 高校教育教学方法创新

高校教育教学方法创新路径是高校教育教学方法创新活动中重要的实践要素。对这个问题的研究，既可以是对过去或现存状态的追寻或总结，也可以是对未来教学方法创新的价值建构。无论是过去已经存在的教学方法、创新方法还是未来需要着力改进的创新方法，无论是各种自创的创新方法还是学习借鉴而来的教学方法，都值得推崇，但都要客观地分析教学方法具有人文环境的适应性和技术支撑条件的差异性，不能盲目。

高校教育教学方法创新的基本路径构建，科学性和新奇性是两个基本依据。教学方法的内在规定性是"价值实现"和"感受共存"，这对教学方法创新实践同样具有"理论指导意义价值"，是科学性创新路径的规定，"感受"是新奇性创新路径的规定。无论是自创或借鉴的已经存在的教学方法，其本身的价值或科学性一般不存在怀疑，那么作为"感受"所必需的新奇性要加以重视。

高校教育教学方法创新策略，必须涵盖两点。其一是在方法创新过程中，借鉴异域高校教育教学方法是一个有效途径，这个途径不是在说明那些方法的好坏，而是提高教学方法的丰富程度，即感受性的最大特点就是丰富性，不然，师生对于教学方法的感受共振就是贫乏的；其二是要重视教学方法的人文环境适应性和技术支撑条件的差异性的存在，在学习借鉴时，就要根据不同对象并分析该方法创制的原始背景，加以利用，并注意克服推行过程中的技术限制因素，尝试其他途径或通过相关技术解决问题，这本身也属于创新思维范畴。结合创新理论原则和高校教育的教学方法的历史与现状，总结分析得出成功而有效的教学方法、创新方法主要有如下几种。但要特别指出，在教学方法创新实践活动中，掌握一些创新原理和方法只是能否实现创新的前提，不是解决创新的灵丹妙药。只有不断深入学习、深刻理解创新方法，积极开展创新实践，才可能有效地掌握创新方法，取得创新成果。

一、组合法

无论是在自然界还是在人类社会，组合创新非常普遍。就教学方法而言，就是两种或两种以上的方法或方法理论的一部分或全部进行适当叠加和组合，形成新的教学方法。组合法是创新原理之一，也符合教学方法创新实践。组合创新的概率与空间是无穷的。据统计，20 世纪的重大创造发明成果中，三四十年代以突破型成果为主，而组合型成果为辅；20 世纪五六十年代两者大致相当；从 20 世纪 80 年代起，组合型成果占据主导地位。这说明组合已成为创新的主要方式之一。

二、分离法

分离原理是把某一创新对象进行科学的分解和离散，使主要问题从复杂现象中暴露出来，从而理清创造者的思路，便于抓住主要矛盾。分离原理在创新过程中，提倡将事物打破并分解，它鼓励人们在发明创造过程中，冲破事物原有面貌的限制，将研究对象予以分离，创造出全新的概念和全新的产品。教学方法创新的分离法，就是把过去或原有的司空见惯的方法加以分解，按照一定逻辑关系进行整理，然后突出某一部分甚至将其扩充放大，成为一种等同甚至超越原来方法作用的新方法。

三、还原法

还原实际就是要避开现行的世俗规则，即将所谓"合理"的事物设定为"非"，而将事物的原状设定为"是"，就是要善于透过现象看本质，在创新过程中能回到对象的起点，抓住问题的原点，将最主要的功能抽取出来并集中精力研究其实现的手段和方法，以取得创新的最佳成果。教学方法创新与其他任何创新一样，都有其创新原点，寻根溯源找到创新原点，再从创新原点出发去寻找各种解决问题的途径，用新的思想、新的技术、新的手段重新构造方法，从本原上解决问题，这就是还原创新方法的精髓所在。

四、移植法

创新理论认为，移植法是把一个研究对象的概念、原理和方法运用于另一个研究对象并取得创新成果的创新原理。"他山之石，可以攻玉"，移植法的实质是借用已有的创新成果进行创新目标的再创造。教学方法创新活动中的移植法，可以采取同一学科领域的"纵向移植"（我国高校教育教学方法的通用手法是非理性的"下位"的基础教育教学方法"上移"，而当前基础教育教学创新中则采取了诸如研究法、实验法等更多"上位"方法"下移"），也可以采取不同学科领域、不同地域的"横向移植"，还可以采取多学科领域、多地域教学方法的理念、思维和方法等综合引入的"综合移植"。移植能够取得新的成果，在教学方法方面，移植也符合"感受共存"中的新奇性标准：没尝试过的就是新奇的。

五、逆反法

逆向思维是一种重要的创新方法，逆反法要求人们敢于并善于打破头脑中常规思维模式的束缚，对已有的理论方法、科学技术、产品实物持怀疑态度，从相反的思维方向去分析、思索、探求新的发明创造。实际上，任何事物都有正反两个方面，这两个方面同时相互依存于一个共同体中。人们在认识事物的过程中，习惯于从显而易见的正面去考虑问题，因而阻塞了自己的思路。如果能有意识、有目的地与传统思维方法"背道而驰"，往往能得到极好的创新成果。教学方法中有一种备受推崇的"深入浅出"方法，其实，从逆反法的角度分析，高校教育教学中的很多课程内容可能并不适合"深入浅出"，而更需要"浅入深出"才能达到引人入胜的效果。

六、强化法

强化是一般创新方法之一，它是基于科学分析研判基础上的一种"包装术"，即合理策划。强化法主要对原本一般的方法通过各种强化手段进行精炼、压缩或聚焦、放大，以获得强烈的创新效果，给人以感觉冲击。分析国家级"教学名师"们的教学方法，很多都是采用强化法，把普通的教学方法"概念化"，或者按照分离法原则把一个普通方法的局部元素加以剥离、充实，开发到极致、应用到极致，并打上首创者的名号。这样获得的教学方法不仅是"新"的，也是"强"的。

七、合作法

高校教育教学活动是典型的深度合作活动。这种认识长期没有得到推广，以至于教学方法的单边主义长期盘桓，根深蒂固。创新现行的教学方法，推进高校教育教学方法创新，思路之一就是从教学活动本源入手。有学者分析"对话教学法"，是以师生平等为基础，以学生自主研究为特征的典型的合作创新方法，并由此推演出"以教师为中心""以学生为中心""师生关系平等"和"突出问题焦点"的四种对话教学模式。其实，不惟对话教学法是合作创新的范例，任何教学方法的创新，从创新主体而言，合作的路径是无限宽广的。因为，科学的发展使创新越来越需要发挥群体智慧才能有所建树。早期的创新多依靠个人智慧和知识来完成，但像人造卫星、宇宙飞船、空间试验室和海底实验室等，需要创造者们能够摆脱狭窄的专业知识范围的束缚，依靠群体智慧的力量、依靠科学技术的交叉渗透。

第二节　高校教育教学创新思维

一、更新教学理念

更新教育思想，确立实践教育教学理念。实践，是指将高校教育教学内容中的自然科学知识、人文知识、德育等各种理论知识教育，通过具体的系统实践来消化、固化、融合、升华。在实践中统一科学教育与人文教育，把实践育人贯穿于人才培养的全过程，培养学生的实践能力和创新精神，提升个人人文素质和科学素质，达到完全与社会实际需要相符合。高校在校园文化建设中要建立一种新的激励机制，带动学生积极展开创新创业活动，并给予大力支持，全面推进实践教育。

树立以生为本的教学理念。就是在教育教学中要体现出对学生主体地位的充分理解和尊重，对学生潜能的充分诱导和挖掘，对学生人格的充分培养和塑造，把学生的个人意愿、社会的人才需求、学校的积极引导有机结合起来，使学生在知识、能力、思想道德、身心健康等各方面得到均衡、全面的发展，从而促进学生成长成才。这一教学理念要充分贯彻体现到高校的所有教学环节之中的各个方面。在教学模式上，要对原有的缺乏弹性的、学生被动接受的、没有选择余地的教学模式进行创新，实施弹性教学计划，建立学分制、主辅修制，让学生有一定的选择权和支配权，可以自由支配属于自己的时间和空间，着力于学生创新能力和实践能力的培养；在教学目的上，要"一切为了学生，为了学生的一切，为了一切学生"。在教学方法上，要大力提倡"以学生为主体、教师为主导"的互动式教学方法，鼓励使用问题式、案例式、讨论式、情境式教学法，开展"启发、互动、探究式"的课堂教学实践，采取一系列措施，使教师由传统式知识传授型教学向现代式研究性教学转变，引导学生由被动接受型学习向研究型学习转变。

在教学组织的具体实施方面，应采取灵活多样的教学组织形式，而对目前过于刻板的传统教学方式进行创新，充分发挥学生的个性，对学生进行激发和引导，使学生经过探索研究学会自主学习，使教学方式以传授知识向培养学生认知能力和全面素质转变。转变以教师、课堂、书本为中心的教学局面，进行师生互动，展开专题讨论，鼓励自主探索与合作的学习方式，培养学生的探索精神与批判性思维；重视教学的创新性和学生个体间的差别指导，让学生在与教师的朝夕相处中耳濡目染，接受熏陶；以学生亲自动手实践为主，采取提供实践平台、鼓励学生积极参与科学研究实践课程创新的手段，增强教学活力，培养学生获取新知识、分析和解决问题、交流与合作的能力。

制定均衡的高校教育资源配置政策。在重点大学和普通大学之间要实现教育资源配置的均衡。在建设和发展"985 工程"和"211 工程"重点大学的同时也要兼顾一般大学，着力改善一般大学的办学条件。还要针对目前不同区域间高校教育差距越来越大的现象，制定相应的区域高校教育政策，寻求不同教育资源在区域间配置的平衡，增强区域高校教育发展的动力。科学合理地安排高校教育的学科专业布局，加强教学内容和课程体系创新。合理安排课程设置，高校的办学理念、专业与课程设置、教学模式要与社会需求相一致，培养与社会需求相符的人才。首先，在进行学科专业建设时依据"厚基础"原则，构建培养本学科专业人才的基础知识、能力和素质结构。其次，在安排学科专业布局时要依据"宽口径"原则，拓宽学生的专业知识面，把专业设置从对口性向适应性改变，实行宽口径的专业教育，优化课程整体结构，拓宽专业课程交叉培养，增加弹性教学，提高教学质量，提高学生的综合素质，促进学生科学全面发展，为社会提供高素质人才。最后，高校要抓住自身特色，合理定位，遵循差异性原则，建设优势学科，避免模式单一，合理配置教育资源，促进教育公平，促进高校教育科学发展。因材施教，树立以生为本的教学理念。因材施教，就是根据不同学生的个性特点来进行不同的教育活动，通过对差异性的辨析，制订出适合其特点的教学计划。教育公平的实质不是使每一个学生都要获得同样的教育，而是使每个学生都获得"适合"自身的教育，这就是教育公平的"适合性"原则。我们要充分认识到学生是教育活动的主体，学生是发展的独立的人，每个学生都有自己独特的个性，我们要做到在制定教学目标、教学模式、教学内容以及教学方法等教学活动方面要坚持以生为本的教学理念，尊重学生的主体地位，充分挖掘学生的潜能，使学生的个性得到充分发展，塑造学生的健全人格，促进学生的全面发展，促进教育公平的实现。

构建高校教育教学质量保证体系。高校教育教学的质量直接影响着人的全面发展，最终影响经济社会的发展，我们要依据相应的政策法规建立高校教育教学质量保证体系，规范学科专业建设，避免重复建设和教育资源浪费，构建独立的有权威性的教育教学质量评估机构，加强对高校教育教学质量的监督，完善高校教育教学评估政策，充分发挥社会的监督作用，对高校教育教学质量进行监督。

总而言之，追求高校教育教学公平是促进高校教育公平的核心所在，也是促进高校教育创新发展的不懈动力，我们必须坚持科学发展观，继续深化高校教育教学创新，优化高校教育结构，不断提高高校教育教学质量，实现人的全面发展，最终促进高校教育公平的实现。

二、办学特色

(一) 办学特色的内涵

教育部在《普通高等教育本科教学工作水平评估方案》中明确了办学特色的定义以及内涵，特色是指在长期办学过程中积淀形成的，本校特有的，优于其他学校的独特创新风貌。特色应对于优化人才培养过程，提高教学质量作用明显，效果显著。特色有一定稳定性并在社会上有一定影响、得到公认。特色可体现在不同方面：如治学方略、办学观念、办学思路；科学先进的教学管理制度、运行机制；教育模式、人才特点；课程体系、教学方法以及解决教改中的重点问题等。高校办学特色就是一所大学在长期办学过程中形成的本校特有的和已经被社会认可了的在某些学科领域方面优于其他学校的独特创新风貌和具有可持续的发展方式，具有稳定性、认同性、创新性、独特性、标志性。高校办学特色的内容主要包括学科特色、科研特色、人才培养特色、校园文化特色这四个方面。

教育部在《关于进一步加强高等教育本科教学工作的若干意见》中提出，要培养数以千万计德智体美劳全面发展的高素质专门人才和一大批拔尖创新人才，突出提高人才培养质量的位置。而办学特色正是高校质量的生命线，是学校追求最优品牌的实现途径。高校应以追求特色、打造优势为目标，促进办学水平的整体提升，使高校的办学特色更加显著，从而提高高校教育质量。

（二）办学特色的形成

第一，教育教学创新，培育办学特色。一所有特色的高校必定拥有自己独特的教育思想和教育教学，这种教育思想和教育教学能够在特定时空环境指导着高校在办学发展过程中的办学思想和办学理念，并能适应时代和社会对教育和人才培养的要求，符合教育思想和教育教学的创新要求，符合教育创新发展和社会进步的一般规律，能够促进教育发展方向、人的全面发展及人才培养过程的优化。教育教学的创新必将带来教育思想的转变，先进的教育思想必将促进先进办学思想的实践，包括新的办学目标、办学模式的重新定位标准，以及如何实现这一标准所采用的方法、途径以及对此办学实践效果的综合评价。

第二，构建学科特色，促进办学特色。学科特色建设是促进高校办学特色形成的关键所在。学科建设作为高校培育人才、科学研究和服务社会三大职能的具体承担者，它的建设和发展水平程度对高校的人才培养、科学研究、专业建设和师资队伍等方面的质量有着重要影响，对高校的办学特色的形成有着强有力的支撑作用，并决定着学校的服务能力和水平及办学层次的提高。学科特色是高校办学特色中的标志性特色，是构成高校教育核心竞争力的主要组成部分。学科特色，一是指特色学科，指某一特定的学科特色，二是指学科结构体系特色，指由几个特色学科共同组成的学科特色。特色学科是学科特色发展的基础，学科结构体系特色是学科特色的扩展壮大，真正的特色学科具有不可替代性，是难以被模仿和复制的。高校在学科建设上不能盲目求"大"求"全"求"新"，要求"精""尖"，要因校制宜地构建优势学科，发挥优势学科所附带的"品牌"效应，形成办学特色。学校要全力支持最优秀的学科，要有先有后，把优势学科变成全世界最好的，当然其他学科也就会自然而然地提升上来。所以从某种意义上来讲，一所大学的学科优势所在，也就是这所大学的办学特色所在。

第三，发扬大学精神，形成办学特色。大学之"大"，内涵应该是思想自由、学术自由；培养人完善人，不断提升人格和道德；独立于政治权力之外，追求学术真理，"大学精神"就是在大学里做学问的心理状态和文化立场。大学精神是一所大学内所有成员在长期办学实践中共同创造、传承、逐步发展起来的被大学所有成员共同认同而形成的一种精神理念，它反映了一所大学的历史文化传统以及面貌状态，是大学的精神信念和意志品质的准确表达，是大学独特气质的精神形式和文明成果的表现，也是大学所有成员的精神支柱。大学精神犹如个人的品格，是大学最为核心和高度抽象的价值追求和行为规范，决定着大学的行为方式和大学发展的方向，是大学存在和发展的基石，是大学的灵魂和本质之所在。大学精神是大学保持永久活力的源泉，是大学优良传统文化的结晶，是大学在长期教育实践中积淀下来的最具典型意义的精神象征，体现了大学所有的群体心理定式和精神状态，展现了大学的整体面貌、风格、水平、凝聚力、感召力、生命力，最终凝聚形成独有的办学特色。高校的办学理念以及办学实践应该有利于大学精神的形成和发展，并使之形成一种特色教育，经久不衰。

三、推进师资队伍建设

逐步取消高校行政级别，精简高校管理机构，压缩行政费用开支，使教师真正在高校中处于主导地位，同时进行师资队伍建设。百年大计，教育为本；教育大计，教师为本。教师重要，就在于教师的工作是塑造灵魂、塑造生命、塑造人的工作。一个人遇到好老师是人生的幸运，一个学校拥有好老师是学校的光荣，一个民族源源不断涌现出一批又一批好老师则是民族的希望。国家繁荣、民族振兴、教育发展，需要我们大力培养造就一支师德高尚、业务精湛、结构合理、充满活力的高素质专业化教师队伍，需要涌现一大批好老师。

教师作为高校培养人才、传播知识的主体，是高校教育教学中的第一生产力。一所学校的办学理念、办学方针都需要依靠教师在教学过程中呈现出来，高校要依据自身的办学特色，造就一支具有足够知识储备、教学科研能力、创新意识和人格魅力的高素质教师队伍。把重点学科、特色学科带头人的培养作为学科建设的首要内容，加大对重点学科、特色学科带头人的引进力度，加快高层次创新人才培养，突出特色训练，形成明显的学科优势，促进学科发展，进一步提升在职教师的素质，提高高校教育教学质量。

建设一支优良的师资队伍是提高教学质量的关键所在，是实现高校培养人才目标的有力保障。随着高校教育教学创新的发展，我国已经初步形成了一支总体规模较适当、学科体系较齐备、综合能力不断增强的高校师资队伍，在数量和专业层次上都有了较大幅度的增长和提升，但是在整体结构、综合素质上依然存在一些不协调和不足之处，影响着我国高校教育教学创新的可持续发展。

（一）优化高校师资队伍结构

高校师资队伍的结构内容主要包括教师的学历、职称、年龄几个方面，它可以直观地反映出教师队伍的质量、能力和学术水平的一些基本情况。这些年来，虽然我国陆续实施了"高层次创造性人才工程""高校青年教师奖""骨干教师资助计划""硕士课程进修"等多项高级资质队伍建设工程,但高校教师队伍的总体结构还存在着不合理因素。虽然现在的大多数高校都普遍抬高了门槛,高校教师的大门不再对本科生敞开,必须是研究生以上学历才可以获得进入的机会,但是"近亲繁殖"的现象还是存在的,高学历人才分布不均衡现象也还是比较突出的;在高校教师的职称、年龄结构上,普遍存在着缺少中青年学术骨干教师、拔尖人才等高层次人才的问题。因此,我们要加大对骨干教师和优秀学科带头人的引进力度,强化高层次带头人队伍建设。对于高职称的学科、学术带头人、紧缺专业人才要给予一定的政策倾斜,根据学科发展的目标,有目的地吸引高层次人才,以确保高校师资队伍的职称结构比例合理;还要通过有效措施引进高学历人才,提高师资队伍的学历层次。加强本校优秀人才的培养和吸纳来自不同地区和高校的人才,引进与培养相结合,推动人才与资源的有效整合,以利于各学科专业教师整体知识结构的优化,最终促进高校师资队伍结构的协调发展。

(二)提高高校教师综合素质

高校师资队伍建设是高校教育教学创新发展的基石,它直接关系着高校教学质量的提高与否。高校教育的快速发展对高校教师的教育教学思想、知识结构、教学方法等综合素质提出了更高层次的要求,要求教师具有熟练应用现代信息技术和现代教育手段的能力,教学与科研的创新能力,理论联系实际的能力,将知识服务于社会的能力以及良好的社会交往能力。要建设这样一支学术过硬、综合素质较高的教师队伍,我国的高校教育师资队伍建设任重而道远。提高高校师资队伍的综合素质要把师德建设放在首位。师德建设是师资队伍建设的基础,不断加强师德建设,是全面贯彻党的教育方针政策的根本保证,是培养德才兼备的高素质的社会主义建设者和接班人的必然要求。在高校师资队伍建设中要遵循"以人为本"的原则,牢固树立"师德兴则教育兴、教育兴则民族兴"的爱国主义教育教学理念,要求教师不断更新观念,用现代教育思想充实自我、完善自我,推进高校师资队伍建设,建设一支为人师表、作风优良、爱岗敬业、治学严谨、教学科研能力强的与时俱进的高素质教师队伍。

提高高校师资队伍的综合素质要注重教师教学素质的培养。教学是培养人才的直接途径，也是高校的主要工作，教师是教学的实施主体，培养教师的教学科研能力是提高教师教学水平的主要途径。要改变过去的只注重学历的提高而忽视教育教学能力培养的状况，既要注重教师专业学术水平的提高，也要重视教师教学水平的提高，要求教师掌握教育教学理论、教学方法以及教学规律，增强教师提高教育教学水平的积极性和自觉性。还要加强教师对科研工作的重视，为教师提供进行科研创新的条件，提高高校师资队伍的科研能力、学术水平和教师职业化水平，以"特色专业——精品课程"建设和聘任重点学科带头人为龙头，加强重点学科带头人、学术带头人、学术骨干队伍建设，在部分学科领域形成独具特色的人才群体，致力于学术大师和教学大师的培养，带动师资队伍整体水平的提高。

总之，我们要把高校师资队伍看作一个整体，通过多种方式加强高校师资队伍建设，提高教师的专业理论学术水平、教育教学能力、科学研究能力以及科学文化素养，全面提升教师队伍的教育教学功能、团队协作功能、科研开发功能及社会服务功能。使教师掌握先进的教学、科研方法，并具有崇尚科学、勇于创新的开拓精神，具有为高校教育事业不懈追求的精神，为高校培养一支具有良好的职业道德、较强的教学科研能力和充满活力的高素质师资队伍。促进高校教育教学质量和水平的提高，促进师资队伍建设的良性循环，促进我国高校教育教学创新，为高校教育创新的跨越式发展奠定基础。

四、创新课程体系及教学内容

(一)课程体系创新

首先要优化和调整学科专业课程结构，因材施教，分层次教学、分类别培养，同时进行主辅修、双学位、定向培养、中外合作办学等多样化的人才培养模式，在满足不同基础学生学习需求和发展需要的同时，也促进人才培养质量的提升。在课程结构上，打破传统的单一课程结构类型，即分科课程、国家（或地方）课程、必修课程统一天下的局面，重新调整课程结构，优化课程体系。综合课程、必修课程和选修课程都要各自占有一定的比例，以"本科规格＋实践技能"为特征，重视学生的个别差异，坚持四个结合，即理论与实践、人文教育与专业课程教学、课内与课外、校内与校外相结合，构建一种合理的适合学生发展的课程体系，最终培养学生具备两个方面的素质——文化素质与创新素质，提高四个方面的技能——基本技能、通用技能、专业技能、综合技能。

在高校基础课程教育上，构建综合基础教育体系，所有学科专业都进行国防教育、人文教育、自然科学基础、德育实践等基础知识培训。要构建综合实践体系，搭建公共实践平台，包括专业实验、实习、设计、毕业设计（论文），德育实践，科技文化实践、创新实践等。还要构建学生实践能力考核体系，对学生的综合实践能力进行考核。进行"创新课程"研究，转变理论基础。创新课程所依据的理论基础由心理学扩展为社会学、经济学、文化学、政治学和生态学等更具包容性的学科领域。创新不仅包括首次创造，也包括对他人所创造出来的成果的重新认识、重新组合和设计应用。创新课程并不是以学科的方式向学生传授一整套如何创新的知识、方法和策略，也不是以学生获取学科知识为中心，而是以综合实践的方式为学生提供相对独立的、有计划的进行研究性学习、设计性学习、体验性学习、实践性学习、反思性学习和生活性学习的学习机会。让学生从自己的现实社会生活中自主选择研究课题并通过对开放性、社会性、综合性和实践性问题的探究，形成自己独特的学习方式，培养学生的创新精神、探究能力、开放性思维、社会实践能力和社会责任感。同时，创新课程也是一种创新性理念，指在一种课程开发与实施的过程中除了独立的综合实践课程之外，原有的所有课程科目在具体实践中都要设置一些必要的干扰性因素，并通过课程内容的复杂性、模糊性来增加课程的难度，以培养学生的探究能力。

（二）教学内容创新

遵循"厚基础、宽口径、强能力、重质量"的复合型人才培养原则，重新规划和设计教学内容与课程体系。改变过去只在专业学科范围内设置专业课、专业基础课、基础课的"三级"课程编排方式，构建专业必修、专业选修、学科必修、公共必修、公共选修五大课程体系，对教学内容与课程体系进行重新规划和设计，按照学科专业普遍大类平行设计学科专业类课程、新公共基础课程、文化素质教育课程和实践性教学课程等较大教学课程内容体系，增加选修课，减少必修课，对公共课进行分级分类教学。

厚基础，就是使学生熟练地掌握各个学科专业的基础理论、基础知识、基本技能，并能扎实地运用到实践中去，确保学生的知识基础，强化学生基础知识体系，打造精品课程。进一步加强学生基础理论、基础知识、基本技能和基本方法的学习与实践，进行优秀主干课程建设和基地品牌课程建设，重点建设基础较好、适应面广的学科专业基础课、主干课和专业课，使之达到国家精品课程建设标准。在课程体系建设上，要不断优化课程结构，拓宽专业课程交叉培养，提高知识质量，加强大学生文化素质教育，增加弹性教学，改变传统的教学计划。在"公共必修"课程之上可以设置"学科必修"课程，按照分类搭建课程平台，注重文理交叉，在课程体系中设置跨专业课程，强化专业渗透，为学生的宽口径发展搭建学科基础平台。优化学生知识结构，让学生根据自己的专业特长、兴趣爱好和发展趋向自由选择，进一步拓宽专业口径，培养大学生综合素质。强能力，重质量就是从培养学生全面发展、提高学生综合素质出发，以分析、模拟、影视教学等基本形式展开实践教学，加强课堂内外的实践教学环节，并通过组织社会实践、社团活动、专业实习等实践活动培养学生的务实能力、操作能力。注重学生的人格塑造，充分挖掘学生潜能，注重培养学生"从一般到个别"的解决问题的能力，着重训练学生"从个别到一般"的调查分析问题的能力，帮助学生养成可行性分析的良好思维习惯，使培养出的学生具备强能力、高质量。

（三）注重实践教学

当前，我国高校教育教学投入不足、教学管理环节薄弱、教学创新还需加大力度是高校教学工作存在的主要问题。近年来由于高校的扩招，大学的规模扩大了，但大学生数量的急剧增加所带来的负面影响也正在逐步显现。旧的传统教育思想、教育观念仍占主导地位，教学模式、教学内容、教学方法与学生成才实际脱节，尤其缺乏相对应的实践教育，导致人才培养与社会经济发展需求脱节，致使培养出的学生由于缺乏实践能力而不能满足创新型国家建设和经济全球化发展的要求，失去了大学服务于社会这一功能的重要意义。针对我国高校教育教学创新中出现的这种状况，教育部、财政部联合发出了《关于实施高等教育本科教学质量与教学创新工程的意见》，决定实施教育教学质量工程，中央财政将投入大量资金支持"质量工程"建设。同时，教育部也发出了《关于进一步深化本科教学创新全面提高教学质量的若干意见》，指出要重点落实实践环节，拓宽大学生校外实习、实践渠道，与社会、行业以及企事业单位共同建设实习、实践教学基地，力求提高大学生的实践能力；对学生进行实践教育，并多方面采取各种有效措施，确保学生专业实践和毕业实习的时间和质量，把教育教学与社会实践紧密结合起来。

开展实践教学，要求学校通过开拓各种有效途径为学生搭建实践平台，建立一批相对稳固的课内外学生实习和实践基地，并积极组织学生进行社会实践、调研、实习等活动，逐步培养大学生的敬业精神，培养他们艰苦奋斗的精神和坚韧不拔的意志，有计划、有目的地推动大学生自觉自愿地加强职业道德素养。逐步培养大学生的实践创新能力，积极支持大学生创新创业活动，致力于大学生创新素质的发掘和培养。创新素质主要包括创新意识、创新精神、创新能力等三个层面的内容。在一个创新型国家的建设进程中，这种全新的创新素质正逐渐成为大学生在就业市场竞争中的核心竞争力。

五、重视大学生文化素质教育

大学生文化素质教育是大学高质量人才培养的重要组成部分，是我国高校教育教学创新的一个重要方面，要将文化素质教育贯穿于大学教育的全过程，进而实现教育的整体优化，最终达到教书育人的目的。大学生的基本素质包括文化素质（含思想道德素质）、专业素质和身体心理素质，其中文化素质是基础。文化是人们所创造出来的物质和精神的成果，是人的活动的对象化、物化，是人观念存在的形式，是超越个人的实物形态或观念形态。一种文化一旦被创造出来，就不再受时间、空间、个人的限制，就会被广泛地传播和使用。文化素质，就是人们所拥有的所有文化知识在内在的积淀。文化素质对于人们的人生观、价值观的形成具有基础性的决定作用，并最终成为行为的指导规范。同样，人们已有的人生观、价值观也会反作用于文化素质。加强大学生素质教育，主要是指文化素质教育及创新精神、实践能力的培养。文化素质教育重点指人文素质教育，主要是通过对大学生加强文学、历史、哲学、艺术等人文社会科学、自然科学方面的教育，以提高全体大学生的文化品位、审美情趣、人文素养和科学素质。

（一）提高大学生文化素质教育的目的和意义

我国要发展，经济是中心；经济要振兴，科技是关键；科技要进步，教育是基础。由此可见，教育在我国发展中的作用和地位，是重中之重。在发展过程中，需要主体——人，是有知识、有文化、有创造力的人，进行社会发展和变革，因此，发展最根本地又被归结为人的发展。高校教育，主要是培育有知识、有文化、创新型人才，高校教育能够产生新的科学知识、新的生产力。高校教育所培养的不同专业、不同层次的各种文化素质人才在社会生活各领域的作用，将直接、间接地影响全社会的可持续发展，可持续发展的教育观念即应从全社会可持续发展的角度来审视教育的创新与发展。在高校教育中，我国已从办学体制、投资体制、管理体制、教育教学、招生就业、考试制度等方面进行了多层次的创新，已经逐步走上了一条可持续发展的新道路。当然这条道路并不平坦，在进行创新的过程中会有诸多的问题凸现出来，其中，提高大学生文化素质教育，显得尤为重要。

（二）观念变化对大学生文化素质的影响

我们生活的时代正处于急剧变革的社会转型时期，人们的生存方式和形态也随之发生了历史性的变化，这一变化深刻而广泛地改变了社会背景和机制，从而使道德的权威性与制约作用受到了很大的影响，甚至呈现出一定程度的弱化。目前，受社会上一些阴暗现象的影响，各种媒介的导向作用，使我国大学生的价值观、文化观都发生了巨大的变化。价值观是人们对人和事的评价标准、评价原则和评价方法的观点的体系。它具体表现为信念、信仰、理想和追求等形态。一定的价值观反映着在一定生产关系条件下人们的利益需求，决定着人们的思想取向和行为选择。在经济日益全球化的今天，经济的迅速发展，物质的极大丰富，也影响着大学校园。大学生作为最敏感的社会群体之一，其价值观也随之不断变化，几经波折，最终步入了功利主义的价值取向，出现以自我为中心，急功近利，重应试轻应用，重感性轻理性等行为现象；以享乐为荣，以劳动为耻，缺乏正义感等价值观。当前经济发展、文化思潮、教育创新与媒体导向等是影响大学生价值观变化的主要因素。

文化观是一个人对待文化的态度。我们要树立正确的文化观，不狂妄自大，不妄自菲薄。正确对待外来文化，不一概排斥，但也绝不崇洋媚外。我们生活在一个急剧变革的时代。经济的迅速发展在短期内大大刺激了人们的物质需要，而在物质需要达到一定的满足时，精神需求方面的问题就会显现出来。面对这个由经济的躁动带来的五彩缤纷的世界，西方文化的盛行，传统文化的优势在减弱，大学生的文化观也在发生着巨大的变化。对传统文化的取舍是一个非常尖锐的现实问题。中华民族有着历史非常悠久的传统文化，有着不同于西方文化的独特理念。其中最能体现中华民族优秀传统文化之一的就是它的道德观念。我国传统文化具有非常浓厚的道德色彩，我国古代思想家的思想与理论中充满了道德观点。传统思想文化的突出特点和优点之一就是它的道德精神。而部分当代大学生恰恰就是缺乏对这种传统道德精神文化的理解、继承和发扬，而是把它作为一种过时的腐朽的文化思想，把它和所有的传统文化一并遗弃，抛弃了我们中华民族的传统美德。但是，历史是不能忘却的，社会主义精神文明建设和社会主义的发展离不开我国优秀的文化传统。所谓"有中国特色"，它的主要含义之一就是我国的文化传统。深入研究我国传统文化，发扬其精华，对繁荣社会主义新文化，提高我国人的自尊心、自信心，增强国家凝聚力和提供民族精神支柱等，是一项不可缺少的基础工程。我国传统文化是历史的产物，有精华也有糟粕，我们对待传统文化应采取历史的、分析的态度，不应全盘否定。

第三节　高校教育教学创新策略

一、改革和完善高校教育管理

(一) 引入先进的管理思想

只有在先进管理理念的指导下，教育管理才能发展起来。在信息化时代，高校教育管理者除了要具备教育管理能力，还应具备先进的管理思想。

第一，主动适应的思想。主动适应思想是指教育管理工作应主动适应社会发展的需要，随时随地捕捉信息社会对人才的需求，及时调整教育管理思路，顺应时代的潮流。主动适应性思维将成为高校教育管理的指导思想，教育管理的主动适应性思维是强调适度分权，针对内部要素和外部环境的变化采用灵活的态度。

第二，人本观念。学校管理的核心在于教学管理。人本观念首先体现在管理过程中将法人主体地位放在首要位置，促使教师和学生在工作和学习的过程中充分参与到管理实践当中，让他们在参与的同时，获得身心综合发展的能力、知识等。教师和学生的创新充分挖掘了潜能。因为学生是学习的主体，教师是教学的主体，他们拥有积极创造的内在潜能，对于提高教育管理质量来说，意义重大。所以，在具体的管理环节一定要注意激发师生创造力，充分调动他们的主观能动性，在所有的管理活动当中要实现全方位的注意和把控，以便有效提升教育质量。

第三，全面质量管理理念。全面质量管理是一个组织，把质量当作核心，将全员共同参与作为根基，目的在于让顾客满意并且组织中全部成员得到社会受益而获得持续成功的路径。高校教育管理实践当中的全面质量管理包括：①全过程质量管理。想把教育目标放在核心，科学有序地实施教育教学活动，就要加强对教育教学环节质量的全方位把控，尤其是要管理好接口，保证不同环节的有效衔接，有效确定不同环节要达到的质量标准。②全方位质量管理。想要进行综合性的管理，就要考虑影响或涉及教学质量的环节和因素。③全员质量管理。学校的各个部门、每一位成员（包括全体教师和学生）都应该主动积极地参与质量管理，努力提高自己的工作质量，以培养高素质的专门人才。

（二）利用信息化手段改革教学计划的管理方式

要深化教学改革，第一步要做的是改革教学计划。只有好的教学计划才能保证好的教学质量。制订好教学计划，是建立教学体系、安排教学任务、组织教学过程的基础。教学计划一般是在国家相应教育部门的指导下，考虑全局效益，由教育学家或相关人员独立制订的。教学计划都符合教学规律，一段时间内稳定不变，但长远来看，也要不断及时调整和修正，适应社会的新发展以及经济和科学技术的进步。

教育管理者还要改变传统的教学观念，及时修改和调整教学计划。原因有以下几点：一是从社会对人才的要求来看，当今科学技术和社会经济人才发展的要求越来越接近，要综合社会对人才的要求来制订教学规划。二是就人才的成长而言，高校也只是学习的一个阶段，是终身学习的一个组成，并不是学习的终点所在。因此，在高校时期，不但要注意加强专业知识的学习与积累，更主要的是掌握学习方法，还要学会生存，学会共同生活，学会做事，也要注意提升创新能力与创造力。三是从整个世界来看，中国已经加入 WTO，经济全球化的趋势发展迅猛，中国的人才要走向世界，在整个世界上进行竞争，中国教育也要注意对国际化人才的培养。

信息化时代要求我们紧跟时代潮流，准确预测社会对人才要求的改变，培养符合国家要求的人才。要达到这一目标，我们应该加强对信息技术手段的合理化应用，科学设计教育规划，并对其实时监控和及时反馈，制订对教学方案的评价标准，使高校毕业生尽量满足社会的要求。

(三) 大数据环境下高校教学计划的制订

第一，教学计划应该满足以下几点要求：①客观性。要尽量按社会主义市场经济的要求，设计多种人才培养模式，也要尽可能多地考虑到未来环境的变化，设计多种智能结构。②灵活性。学生要找到适合自己发展潜力的模式，学校要尽可能提供不同种类的多种模式。具体方法可以参考以下建议：学分制方面，可以采用完全学分制。在信息技术大范围推广应用的进程中，远程高等教育得到了长足发展，任何科目、任何内容，学生都可以借助网络进行学习，不限于时间和空间。安排教学时，需要充分合理地应用好信息技术，让学生拥有一个充分选择的空间，也要针对不同学生的不同特点设计符合其个性的教学过程。应该将学生培养成这样的人才：整体素质高，基础扎实，专业能力也不差，注重知识的全面发展，能借助网络拓宽眼界，丰富知识面，拥有终身学习与可持续发展的能力。但必须承认，对高校学生的各种类型的要求不可能有一个统一的标准，我们要鼓励自由发展。

第二，制订教学计划的一般程序。对人才培养目标和业务类示范专业分析；了解有关文件精神和规定的注册研究；提出的意见和部门的学校教学计划的要求；主持制订教学纲领，系（院）教学委员会进行审议，由学校教学工作委员会复审核查，核查签字后由执行校长签字确认。

第三，高校教学计划的内容主要包括以下几个方面：确立合理的专业培养目标，设置合适的课程。因为专业培养目标的质量标准、课程的设置与人才的发展息息相关，本书主要研究培养目标的确立与课程的设置。在专业设置和专业培训目标的确立上，主要应用了调查的方法。调查的基本步骤包括：①凭借履历或理论分析提出若干备用的选项；②发放调查问卷，让被调查者在备用的选项中选择自己的意见或建议；③对调查结果进行统计分析，按照被选择次数的多少对各个选项进行由多到少排队；④制订一定的规则，看看哪个选项占的比重较大。在整个过程中，要充分利用信息技术，借助网络收集信息，收集完后可以借助计算机对调查信息进行统计分析，得出结果。同时，还应注意以下几个方面：一是要进行可靠的预测，对毕业生的就业情况有一定把握，毕业生只有满足社会的要求，高校才能有较高的就业率；二是引入更多的优秀教师，完备实验仪器和必要的书籍，生活设施也应该尽量完善；三是要有尽可能宽的口径，形成宽口径专业教育模式，目前的情况是教学信息越来越不难获取，学习知识也变得更加容易，但是要进行知识的重组和创新变得比较困难，所以我们要重点训练学生的综合素质；四是要有学校自身的特点，学科建设要结合学校的地域优势和传统优势学科；五是考虑到专业的冷热门问题，并及时调整，满足需求。

信息时代下，高校要实施教育教学管理首先应相对稳定和严格地执行教学计划，为此可以制订以下两条准则：一是，将教学计划分为学期教学计划和年度教学计划，制订工作表，安排好每个学期的教学任务、教学教室等；二是由相关部门制订教学组织计划，如社会实践计划、实习计划、实验教学计划、培训计划等。要有适当的政策和环境以及保证教学基础设施，还要有教育管理和教师、学生相配合，这分别是教学计划顺利实施的内外部条件。在这个过程中要把握五个方面：一是要切实维护教学计划的严肃性和权威性，严格遵守教学计划，可以适当调整；二是在具体的实施过程中，严格选择计划材料，遵照教学大纲的要求；三是加强教师群体的力量，确保教学第一线与教学计划一致；四是制订教学质量评价方案并严格监测执行，可以借助信息技术建立自动的监测和反馈系统；五是教学组织与管理要严格按照教学计划进行。

（四）改革学生的培养方式与管理模式

信息时代要求人才具有更高的素质，改革人才的教育方式和管理模式是必要的。大数据环境下改革学生的培养方式主要体现在以下三个方面：一是在教学中促进"参与式"教学法。该教学法主要以提问式教学活动、开放性内容为特征，问题无标准答案，作业、论文也很少甚至没有，能带给学生自由思考的充足时间和空间。利用网络技术和计算机技术收集相关信息来解答问题，通过对问题的解答完成知识学习与内化。在这样一个学习实践活动当中，学生不但掌握了借助网络解答各种问题的能力，而且学会了与"问题"有关的知识。同时，因材施教，针对学生自身的特点确立恰当的培育目标，设置严谨学习规划，尽可能让每一个人都能得到很好的发展。二是努力培养学生的社会实践能力，加强实践教学。三是鼓励学生跨学科学习，培养全面型人才。当今社会，随着信息技术的发展，新的学科不断涌现，这些学科大部分是由学科交叉形成的。建立交叉学科培养机制，培养学生跨学科背景。在基础学科和谐的高校中，打破不同专业教育壁垒，要创建跨学科教学的培养机制，可以借鉴国外成功的跨学科教学的经验。具体实现过程如下：以培养计划为基础，为学生选定必修课程，这些课程是跨学科的，包括文学、理学、工学等多个领域，以便对学生的综合分析力进行有效锻炼，培育学生创新思维与创造力；要提供多种专业、多类课程、多个教师供学生选择，这样学生就能根据个人兴趣制订自己的培养目标，进行自主学习；高校应完善相关课程，抓住交叉学科的新增长点，组织多学科的力量开展教学，配备必要的教师，形成跨学科的教学模式，激发创新意识，促使学生应用到探究新领域中，全面发展自己。

在学生培养模式改革的基础上，对学生的管理方式也发生了很大变化。目前，大多数高校实行学分制，这是在计划经济时代就形成的管理模式，灵活性不够，刚性太强，约束力也太多。在当今大数据环境下，对学生的管理，更提倡注重学生个性化的模式。教师管理系统要以学生为主导，教师为辅助，建立学生服务中心。具体操作有：一是建立心理咨询、急救救援、工作研究、学习指导机制，建立相应的社区管理部门；二是以学生宿舍为基础，取消班级，由学生与老师形成一个整体；三是由研究生或高年级优秀学生协助管理，为学生提供指导。这种管理模式可以实现学生的自我教育、管理、服务，能够让学生的综合素质得到有效发展和锻炼。

二、建设高素质的教育管理队伍

不同的原因影响着教育管理的质量，包括人力、财力、物力、信息等。教育管理者是上述因素中首要的，因为人是主体更是管理的第一位因素，制订教学有关规划和纲要以及安排学习内容、课程安排、教材预订等，还有学生的考试、毕业设计、实践等，各个阶段都不能没有教育管理者的参与。基于大数据时代的情况，教育管理质量日益受到多方面影响。想实现管理的效能，高素质的教育管理队伍是至关重要的。

（一）大数据环境下对教育管理人员的素质要求

知识密集、高新技术、人才聚集、思维活跃、信息渠道十分畅通，这些都是高校的特点。随着信息技术的快速发展，所有的教育管理人员的素养也有待提高。各教育管理人员应该做到以下几点：

第一，树立强烈的服务意识。管理的本质就是服务。教育管理人员不能把自己作为掌握权力的管理者，而应该作为一个服务者，服务学生，服务教师，服务教学，进而服务于崇高的教育事业。

第二，掌握教育理论和专业知识。身为教育管理者，教育的科学及其规律是基础，一些专业的知识必须掌握，如教育学、教育心理学、管理学和高校教育学等，如此才能让科学教育和教育管理得以实现。高校的管理人员要具备充足的理论知识，同时要掌握高等教育改革的理论。再者，必须具备相关专业知识。进行教育管理工作，是对学校现在的一切资源实现有效而科学的管理，所以必须学习相关专业知识，包括现代计算机方面有关管理的方法和档案的知识等，这样才能应对教育管理工作操作的复杂性。

第三，掌握现代信息技术，具有良好的信息素养。随着现代信息技术的飞快发展，高校必须掌握不断更新的技术，这样才能使管理效率不断提高。教育管理人员不仅要拥有极好的信息素养，还要会顺利使用现代的信息技术。

第四，具备较强的管理能力。首先，组织决策能力要比较强。当今社会，教育体制改革在不断加强，只有教育管理者具有较强的组织决策能力，才能制订教学计划，制定切实可行的政策措施，对整个教学过程进行加工，并结合学校自身的优势做出科学合理的决策。其次，教育科研能力要强。查找资料，深入研究，准确把握国内外各大高校特别是精英院校的教学情况以及世界教育改革的趋势；要处于教育管理、教学第一线，或参与课堂教学，经常了解教学情况，对高校教学进行调查和研究，掌握整个学校的发展趋势，做好教育管理，同时，"教育管理是一门科学"，实施教育管理和教学研究，是教育管理的共同任务。为了正确地管理，提高教育管理的质量和效率，研究者和教师有必要研究教育管理的特点和规律。最后，要勇于创新，敢于开放，培养良好的集体合作能力。教育管理应该与时俱进，而不是一成不变的。对于教育管理者来说，在工作中勇于创新，推动教育管理的进步是很重要的，革新也一直是一个核心的内容要求。

（二）进一步提高教育管理团队的全面素质

教育管理不仅是一般的行政管理，而且具有学术管理和行政管理的双重功能。没有一个强有力的教育管理队伍，就不可能有一流的教学水平和教学质量。在信息时代，只有提高教育管理队伍的素质，才能促进高校的进步。

首先，教育管理质量的培养。由于教育管理团队是由个人组成的，所以建立一支高素质的管理团队，全面提升教育管理者综合素质是重中之重。培训教学质量管理人员要做好以下几项工作：一是岗前培训。可以邀请有资质的教师和专门的人员进行培训。之后，还应当深化知识的掌握，如心理学及管理科学教育等，还可以提高管理人员的信息素质，特别是计算机和网络的技术,使之可以有效使用校园网与互联网办公和学习。二是面向在职人员,坚持在职学习的原则。采取灵活的培训模式,理论联系实践,通过网络学习和教育管理提高教学质量管理人员的综合素质。三是要有意识地提高他们学习的意识和能力,教育管理工作者能掌握一线教学的情况,促进教师教学实际情形的发展,不断学习。

其次,必须提升高校教育管理团队的素质,让整体进一步发展,这关系到教育管理人员的个人素质,而且关系到教育管理队伍的整体状况。如果结构合理,彼此促进,会让人们有更多的集体感,同时利于凝聚力与向心力的加强,便于人们积极主动地去创造和发展,使得教育管理队伍整体作用更好。可见,教育管理团队的结构与组合是提高教育管理团队素质和整体效果的关键。优化教育管理团队结构必须做到以下几点:一是优化教育管理队伍的年龄结构。让不同年龄的人发挥各自优势,并进行经验的互补,形成良好的整体效果。二是优化体系中教育、学科和职称的结构,就教育管理而言,各学科是相辅相成的,对于相应的职称和学历方面,要求是不同的,他们的职称和学历要满足梯次结构的要求,决策、管理和具体的事务性工作分工不同,这样各司其职,形成互补。另一个重要的问题是教育管理团队的人格的互补,恰当组合不同个性特点的人利于形成良性合作。

最后,积极性很关键,因此要建立竞争和激励的制度来引导管理干部,从而提高积极性。责任、制度和奖惩是岗位责任制的三个主要环节。在管理中,责任制是管理制度的核心,不同岗位相应要承担的责任也不同,因此对不同员工有不同要求,要组成一个合适的团体就要对不同的人进行不同岗位和要求的选择。另外,需得严格地对员工进行考核,从而对员工的技能和态度有所把握和了解。定期考核,及时鼓励,奖励合理,全面推广。对于工作态度差、能力低的,最终不再聘用。如此,方能利于竞争并得到进步。通过考核,能找到每一位员工独特的个性和特长,便于大家使自己的特长得以较好的发挥。同时,要有详细的制度和标准,如薪酬制度、绩效评分制度等。以上制度要落实到各个管理人员，使其在一定压力下力求上进。同时，在奖惩时也要特别注重几点：一是物质和精神两方面的奖励都不能忽视。二是奖励时要区分不同的级别，然后分别进行奖励。不同的管理层次激励是根据能力和层级区分的，通常而言，不同位置对应不同的管理能力与不同的奖励标准。三是应用多元化与动态的奖惩。为了使奖励制度具有激励相关人员的力量，在管理人员的各个成长阶段都要用不同的手段给以激励。

实行相应的政策将对教育管理人员积极性的提升起很大作用，如评定职称等问题优惠政策的倾斜必然会提高人们的积极性。

三、与大数据紧密结合

（一）完善教育管理制度

教育管理系统是根据国家教育法律、法规等，由上级领导部门决策并制定条例与规则，作为教育的一个重要手段，维护正常的教学秩序，是一个国家的教育政策和制度的组成部分。

高校的教育管理制度主要有四部分：关于教育材料的管理，如教学的计划、课程安排和总结等；关于学校学业进程的管理，如考试、教课进度、资料档案管理和课程的调换等；教师和教育管理人员的责任和奖惩制度；还有就是关于学生的管理系统。

为了提高教学质量，不仅要有教育管理制度，还应立足于各校实际，再设立新的制度：第一，应对教学工作多开会讨论，会议制度要详细确立，按期举办研讨会并进行会议的指导，使教学可以制度化；第二，要对管理加以制度化和规范化；第三，应合理安排考试，重视管理考试程序并制度化；第四，建立和完善毕业生就业质量评价体系，不仅要分析评价结业论文，还要有后续的了解，对毕业生多加关注；第五，应找专门人员对教学管理进行合理监督；第六，研究革新教学工程体系；第七，职业教育的评价也要标准化；第八，教学成果情况的结果传送，如英语四六级和全国计算机考试的合格情况、职称结构和教师资格等。

（二）校园网推动教育管理的作用要发挥好

环境是基础，教育管理的基础就是校园网络平台的建设。如今的教学离不开这个信息平台，一要特别注重校园网络的作用，尤其多考虑整体的发展，合理进行计划。二是统筹设计。充分考虑并实行网络的开拓、软件开发和校园网建设。在施工中必须非常理性，做好网络接口，分阶段建设，使效益最大化。三是软硬件要结合起来共同建设，由于设计软件耗时长，在进行网络改进时耗费时间会更多。教育管理的信息系统是由多方面组成的，可以独自设计，也能买来现有的加以使用，要尤为关注的是软件的适用性。四是专门应用，三点技术，七大管理，如此才能达到最好效果。学校应该安排认真负责、技术过硬的老师担当校园网管理的重任，有效助推网络的多方面应用。五为加强深造培训。校园网影响全校教育管理人员、教师和学生的校园网络生活。学校应重视对教师实施优化管理以及专业化的教育培训，合理制订有效规划，使学生和管理人员能够充分应用校园网满足各自差异化的需求，产生对校园网的认同感，而不是对其出现抵触心理。六为加强使用。最终的目的是创造效益，只有加强对校园网的应用程度，加强对校园网的完善力度才能够真正发挥和增强其价值。

（三）教学要有足够的投入

如果没有丰富的物质资源作为根本支持，就无法保证价值的发挥，正所谓"巧妇难为无米之炊"。学校经费是教学运行的基础，好的高校一定是有充足资源的。现在，我国高校教育管理存在严重问题：首先，在教学中经费不足。我国高校经费一般由政府进行投入。然而，由于投资有限，所以高校资金很稀缺。其次，缺乏领导力。由于种种原因，校领导对教学条件和教师不够深入了解，造成了教学品质降低，教师与教育管理人才投入不足。最后，一些学生不够勤奋，不能在学业上投入充沛的精力。事实上，高校对人才的培养，不仅要求硬件资源还要求软实力的投入，只有两方面兼具，才能实现高效率的管理。如今，有一些途径可以用来改进教学：第一，不单单依靠政府投入，建立各种投资系

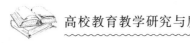

统，从不同主体入手，寻找不同方法；第二，合理划分经费投入，以教学为重点，避免费用的不合理分配；第三，待遇从优，使得教师没有后顾之忧，专心致力于教学，改变教师短缺的现象；第四，加强学生管理，增强学生学习的动力和压力。

第四章 高校教育质量概述

第一节 高校教育质量的内涵

高校教育质量是大众化教育背景下的热点议题。随着精英高校教育向大众高校教育的过渡，高校教育正在从数量时代向质量时代转换，而培养符合社会发展需要的人才则成为高校教育质量的核心和根本标准。"质量"作为一个专门术语，最初源于工商业领域。在20世纪80年代以前，与高校教育相关的文献还很少涉及"质量"问题。20世纪80年代以后，学术界之所以提出"高校教育质量"这一概念，并广为流传，一方面是受政府政策的强制推行影响，另一方面也源于企业管理中质量话语的诱导。虽然质量问题已成为高校教育政治日程上一个优先考虑的问题，但学者们对它的解释却很不相同。

高校教育质量的内涵和外延具有极广泛的内容，就其内涵而言，高校教育质量是一种实践活动的质量，它应体现高校教育实践活动的本质，而且应反映高校教育实践活动的规律性。就其外延来看，高校教育质量应体现培养高级专门人才的质量、构建高校教育体系的质量、创办高校教育机构的质量、宏观管理高校教育系统的质量。高校教育质量至少有相关设定的规格、标准的一致性等六种定义，这些定义虽有相通之处，但每一定义所强调的重点并不相同，每种定义也都有其优缺点。实质上，无论如何界定高校教育质量，都必须回答这些问题：什么是质量？谁来确定质量？如何评估质量？因高校的主要职能是教学、科研、服务，因此其质量也包括这三个主要方面。

一般来讲，高校教育质量涉及的主体主要有国家政府、经济组织、高校教育系统或学术组织、受教育者（学生）。在国家政府看来，高校教育质量就是与预设的质量标准（对不同类型的院校可能设定不同的标准）一致性的程度，强调是否达标以及达标的程度。从经济组织视角来看，评价高校教育质量，就是指高校教育的属性是否满足高校教育主体的需要及其满足的程度。而就高校教育组织而言，高校教育质量是指高校教育实践活动在实现自身基本功能的过程中对高校教育基本规律的体现程度。在受教育者看来，高校教育质量的本质就是高校教育满足个人和社会发展需要的程度，最根本的是满足个人发展需要的程度。而根据评价的主体不同，还可以把高校教育质量划分为外适质量、内适质量和个适质量。外适教育质量是指高校所培养的人才为社会、经济、文化的发展所做准备的充分程度。而内适教育质量，它是高校为保证教育产品的质量（外适质量）所开展的教育、教学工作的优劣程度。

高校教育质量是一个多维的概念，要给高校教育质量下一个科学的定义，则既要体现出质量的基本含义，又要体现出高校教育的属性和功能。高校教育质量是质量的基本含义在高校教育领域的具体体现，是高校教育对质量基本含义的具体反映。据此，这里认为，高校教育质量是指高校教育在坚持社会效益和经济效益相统一的原则基础上，其各种活动及其产品的内适性与外适性的统一程度。而高校教育质量的含义还可以概括为：高校教育产品和服务所具有的高效性、人文性和调适性在满足社会和学生发展以及高校教育系统自身有序运转方面要求的程度。应该说，该界定既体现了高校教育质量的宏观性，也反映了高校教育质量的微观性；既反映了高校教育的社会属性，又反映了高校教育的个适质量特征；既具有在管理领域质量本身的内涵，也具有高校教育质量的领域特征。

第二节　高校教育质量的特征与维度

一、高校教育质量的基本特征

高校教育质量具有层次性与规格性。主要体现在高校教育要根据社会、经济、文化、科技等多项事业发展对高级专门人才不同层次的需求，培养出达到相应层次标准的人才方面。在同一社会需求的层次上，高校教育体现了不同行业或不同学科领域对高级专门人才需求所培养人才的差异性。高校教育质量具有时间性与空间性。时间性指不同时期的社会发展阶段，其对高校教育培养人才标准的需求不同，高校教育培养满足不同时期需求的不同标准的人才是其教育质量时间性的具体表现。而空间性指在同一时期，世界各国同一层次的高校教育质量是不同的，以及在一国同时期内不同层次的高校教育质量是不同的，这是由各国社会经济发展需求决定的，也是由各国高校教育发展的历史决定的。高校教育质量具有主体性与对象性。主体性指高校教育培养的人才标准虽然在规定上是统一的，但具体到每一个人，因经历等的不同，其初步获得的科学研究能力或独立进行科学研究能力的表现就是千差万别的。对象性指对受教育者有一个满足社会需求的统一的规定标准，这是对人才培养的客观要求，是对被培养者这个群体的标准制约，这就是高校教育质量的对象性特征。

除此之外，高校教育质量还具有客观性与主观性。它包括两个方面的含义：一方面是指它的存在形态是客观的，即高校教育质量是不以人的意志为转移的客观存在。另一方面是指它的评判标准是客观的，即评判高校教育质量的高低、优劣、好坏存在着客观标准——尽管这个标准在不同条件下可能是不同的。高校教育质量还具有统一性和多样性特征。统一性包括两个层面的含义：一个是宏观层面的含义，是指一切高校教育所共同遵循的总的质量标准，也称高校教育的基本质量。另一个是中观层面的含义，是指同一类型或同一层次的高校教育所共同遵循的基本质量标准。高校教育质量的多样性反映的是高校教育的个性特征，是指不同类型、不同层次、不同办学形式的高校教育在具体的质量标准上是不同的，也称高校教育的具体质量。高校教育质量还具有特色性与可比性。特色性也称高校教育质量的个性，它是指不同国家的高校教育或同一国家内不同的高校在人才培养、科学研究、社会服务等方面所具有的与众不同的特色。

最后，高校教育质量也体现出了学术性与实践性的特征。学术性质量将高校教育与高深学问联系在一起，重视教育自身的规律，注重学生的知识水平与学术成就。然而高校教育质量本质上属于实践范畴，高校教育质量是这一实践活动各个环节、各种具体形式的质量的综合体现。高校教育质量也体现出了自主性与依附性的特征。高校教育的基本特性是知识性，知识的本质要求高校是高校教育质量保障的主体，要求同行评估，要求评估的专业化，要求高校教育质量保障不能有统一模式。高校教育质量在政策层面、操作层面始终受到政治意识形态和市场价值的制约和影响，因此表现出明显的被动性和依附性特征。高校教育质量也体现出了发展性与滞后性的特征。没有一成不变的教育质量，高校教育质量是随不同时期的不同发展主题而发展变化的，不能脱离发展来谈质量。然而，教育的产品是人而不是物，其质量的显现与其他物化产品不同，具有滞后性。高校教育质量也体现出了系统性与片面性的特征。高校教育质量是整个高校教育系统的质量，是一种整体质量，而不是单一的人才培养质量。然而，系统质量仍非高校教育的全部。在社会问责情势下，高校教育外在的政治功能、经济功能凸显，但其内在的文化功能、育人功能、独立价值依然有效，依然居于核心。

二、高校教育质量的维度

随着高校教育的大众化，高校教育所面对的需求也有了新的特点，高校教育机构明显分化。在这种情况下，高校教育质量标准开始走向多样化和多元化。正如世界高校教育大会通过的《21 世纪的高校教育：展望行动的世界宣言》所指出的："高校教育质量是一个多维的概念，它应该包括所有的功能与活动：教学与教学计划项目、研究与学术活动、教职工队伍、学生、建筑与设施、仪器与设备、对社区与学术环境的服务。"早在 20 世纪 70 年代，OECD 就开始了教育发展指标体系的研究，并提出了初步的教育发展指标体系。《教育概览：OECD 指标》在不同的年度有不同版本，数据有所差异，指标内容不断更新，但主要有五类指标。在 21 世纪初，将原有的 A 类指标与 E 类、F 类指标合并，重新定义为"教育机构的产出与学习影响力"。C 类指标删掉了"特殊需要学生或获得额外资源学生"的指标。D 类指标增加了"教师的供给与需求"和"教师的培训和发展"，详见表 1—1。

表 4－1 OECD 指标体系

指标分类	内容
A 类指标	教育背景（包括人口、社会、经济等）
B 类指标	主要是教育投入指标，如生均教育支出、教育支出占 GDP 的比重等
C 类指标	受教育机会、教育参与及教育进步等
D 类指标	学习环境及学校组织
E 类指标	教育产出（包括个人、社会产出和劳动力市场）
F 类指标	学生成绩

　　将高校教育质量划分为个适质量、内适质量和外适质量三个部分，其实质就是对应于高校教育三大职能维度上的教学和人才培养质量、科学研究质量和社会服务水平。大众化高校教育质量处于不断生长的进程中。办学条件是质量生长的重要载体，教育教学改革是质量生成的主要动力，质量保障程序是质量生成的必要机制。办学条件、教育教学改革和质量保障程序的变化情况，是衡量大众化高校教育质量的主要参数。大众化高校教育质量的变化主要通过上述参数表现出来。研究大众化高校教育质量，必须对上述三方面的变化情况，以及它们与培养目标之间的关系进行综合分析。具体来看，办学条件变化主要包括招生、投入、师资等各种教育资源变化情况，着重分析生均教育资源的变化情况，如生均校舍面积、生均教学行政用房、生均学生宿舍面积、生均固定资产值、生均教学仪器设备值、师生比等。

　　由于人才培养在高校教育中处于核心地位，传统上人们对于高校教育质量的研究一般主要集中在人才培养质量上。因此，高校教育质量标准理应集中在人才培养质量标准上。从人才培养层次、人才规格和学科类型三个维度出发，可以构建多样化的高校教育质量标准结构体系。从教育层次角度出发，高校教育质量标准可分为专科、本科、硕士研究生、博士研究生四个层次。即使同一层次、同一专业，人才培养的规格也是各不相同的，社会人才可由学术型人才、工程型人才、技术型人才和技能型人才四类组成。每个学科类型的专业教育范围、内容不同，其特点和要求也就不相同，它们的教育质量标准也不会相同。对于研究型大学，其教育质量标准应该侧重于学术型标准；对于定位于教学科研型或教学型的高校，其教育质量标准应该追求应用型标准；而对于高等职业技术教育，由于要求其教学内容必须具有很强的实践性、针对性和应用性，对理论知识的掌握则以够用为原则，不强调深层次理论的学习，因此就应当追求职业型标准。

高校教育是一个结构严密、层次清晰的系统，研究高校教育质量可以根据研究的目的将其划分为三个层次。

第一层次是宏观高校教育系统质量。它指的是国家各级各类高校教育的总体水平，其内涵是发展水平，包括高校教育的规模、结构、质量、效益，国民平均接受高校教育年限，高校教育对国民经济发展的贡献率，高校教育的国际竞争力等特定要素。第二层次是中观高校人才培养质量。它指的是各级各类高校的办学水平，即高校各个基本要素实际水平的整体体现。第三层次是微观高校教学、科研、社会服务质量。它指的是高校内部的教学质量、科学研究质量和社会服务质量，其实质是高校三个职能的实现程度。

目前国外对高校教育质量与水平评价指标主要有经济指标、人口指标、高校教育发展指标、高校教育经费指标、科技活动与水平指标和软指标等。经济指标主要包括国民经济指标、公共财政投入水平和产业机构指标。教育者和受教育者是总人口的一部分，人口状况，尤其是目标期内适龄教育人口的数量和结构的变动，对高校教育发展影响很大。以高校教育毛入学率、成人人口的预期平均受教育程度作为衡量我国高校教育规模的指标，以此表明我国高校教育的实际规模水平与潜在规模之间存在较大的差距。高校教育质量的维度划分应考虑到利益主体的不同，譬如，从政府、社会、学校、学生取向等四个方面的维度进行设计，设计每个维度的教育质量标准，然后整合成部门级或国家级教育质量标准。

总的看来，高校教育质量评价具有多个层次、多个维度，每个层次的多个维度下又包括诸多具体的子维度或量化指标。就高校教育质量评价的量化研究取向而言，其要求各子维度至少具有适切性，也即各指标得到了比较广泛一致的认可以及可测量性，也即该指标下的数据可以明确地量化统计分析。鉴于高校教育的最基本功能（科研、教学与服务）以及以质量评价促进高校教育或高校发展的宗旨，将高校教育质量评价的对象落脚到各高校，而将评价主体确定为高校教育主管机构或主管机构委托的其他社会中介机构，将评价层次确定为微观的学校基本功能层面，这样就使得高校教育质量不但具有国际可比性，而且在操作上也更为简单且有效。现今，以学校学生学习成果为结果或产出变量已经成为美国乃至世界高校教育质量评估的核心内容，它提供了能够显示每一所院校办学成效的最为重要的依据。

第三节　高校教育质量的评价方法

高校教育评估方法可从以下五个方面进行分类：其一，依据其评估特点可以分为定性评估（如规范评估法、小组评估法）和定量评估（如考试评估法）。其二，依据其所用数学方法可以分为概率评估和精确评估。其三，依据其评估时序可以分为小回环评估和大回环评估。所谓小回环评估，侧重在学校内部获取信息来评估教育质量，而大回环评估侧重在学校之外获取信息来评估教育质量，所以小回环评估是近期评估，大回环评估是远期评估。其四，依据其评估域可以分为纵向评估和横向评估。其五，依据其评估着眼点可以分为环境条件评估和社会效益评估，前者主要通过考察其办学条件来推论其教育质量，后者则把教育过程、办学条件视为一个"黑箱"，由产生的社会效益来评价教育质量。这五种评估方法各有优缺点，在实际评估高校教育质量时，只有综合运用这五种方法才能收到良好的效果。

传统的教育质量评估方法虽有许多可取之处，但也存在一定的不足，主要是重分数，重定性，重短期效果，忽视社会实践对人才质量和教育质量检验的权威性作用，因而也就不可能达到真实地评估高校教育质量的目的。考试评估法是一种传统的教育质量评估方法。在评价某学校某届毕业生的质量时总喜欢采用统考的方式，或以升学率、录取率作为准绳，这是不科学的。因为考试成绩和教育质量之间并不存在必然的联系。定性评估高校教育质量也是人们惯用的评估方法，如规范评估法、小组评估法等，它的优点是能使我们粗线条地了解和掌握教育质量的基本情况，处理那些不易于定量分析的问题；其缺点是缺少数据支持，只能给人一个笼统的概念，缺乏强有力的说服力。环境条件评估法也是评估高校教育质量时经常使用的方法之一。它是从人才成长与环境条件的依赖关系出发来评价教育质量的。在通常情况下，人才成长和环境条件成正比关系，环境条件越成熟越完备，人才成长也就越迅速，质量也就越高。这里讲的环境条件是指师资水平、学校历史、办学经验、科研成果的数量和水平、试验仪器设备的完善和先进性、教育投资等，我们所说的名牌大学就是由于环境条件优越而得名的。社会效益评估法是进行高等教育质量评估的有效方法，这种方法的特点是把教育过程看成一个"黑箱"，不去过分考察"材料"在其中是如何加工的，而把着眼点放在"产品"的社会效益的考察评估上，让社会来检验某"产品"的质量。社会效益评估法是检验高等教育质量最有效的方法，其缺点是周期长、反馈慢，有时易受社会时弊的影响。小回环评估法可以是定性的，也可以是定量的；可以用考试的方式进行，也可以用观察的方式进行。这种方法最大的优点是周期短、反馈快，简便实用，缺点是仅考查学生在校期间的表现，忽视了社会评估的因素。用这种方法全面衡量一所高校的教育质量是不可取的。总的看来，传统的高等教育评估方法各有长处，又各有缺点。在使用这些方法对高等教育质量进行评估时，必须从它们的综合作用出发，取其所长，舍其所短，具体来说，就是定性分析和定量分析相结合，环境条件评估和社会效益评估相结合，学校内部的纵向评估和校际的横向评估相结合，小回环评估和大回环评估相结合，概率评估和精确评估相结合，只有这样，我们才能对高等教育质量做出准确评价，才能够取得精确的反馈信息，从而不断地提高高等教育的质量。

增值评价作为一种发展性评估方法，已成为国内外高校教育质量评估领域的热点。增值评价的引入能够实现高校教育评价由"横向静态"向"纵向动态"的转变，客观真实地判断每所学校教育质量进步或退步的程度，科学合理地反映每所学校在提高高校教育质量方面所做出的努力，尤其是各方面基础较差、长期得不到重视但仍做了大量工作的高校。它的实施可以创新高校教育质量评价体系，有利于推进学生的全面健康发展和高校的均衡发展，促进高校教育资源的合理有效分配，是落实科学发展观的重要体现。在当前全球高校教育质量希望得到保障的普遍诉求背景下，如何科学评价高校教育机构自身的效率和效力，特别是如何评估高校之于学生的影响力，如何精确测量大学四年学生各方面发展状况及其增值幅度，已成为目前亟待解决的问题，目前增值评价主要运用于大学生在校期间学习成果评估及其各方面发展状况的监测。增值评价的结果有助于深入解释高校对学生发展的影响机制，为改进高校教育质量提供依据。

增值评价同时关注大学生学习的起点、过程与结果，其所体现的过程性、发展性评价理念，本质上来源于人的发展理论，而20世纪60年代以来兴起于美国心理学界的大学生发展理论是人的发展理论在高校教育情境下的运用，它为增值评价在高校教育领域的应用奠定了坚实的理论基础。20世纪60年代，在心理学领域形成的大学生发展理论体系本质上是人的发展理论在高校教育情境下的运用，其基本目标是解释大学生在四年的学习生活中，怎样发展成为了解自我、他人及世界的成熟个体的过程。大学生发展理论集群中最具代表性的理论包括个体与环境互动理论、认知结构理论、社会心理与认同发展理论、类型理论、整合型理论，这些理论分别论及了大学生在四年的学习生活中个体与校园环境的关系，个体所经历的认知、情感、能力与认同等方面的发展情况，学生群体间的人格类型差异，大学在学生发展过程中的介入作用等问题。大学生发展理论对学生在校期间的发展过程、结果及其影响因素的深入探讨，使其成为高校教育情境下增值评价的理论基础。

大学生在有意义的活动中投入的时间和精力越多，他们从大学经历中所得到的收获就越大。学生参与的形式丰富多样，既包括学术参与，也包括课外活动参与以及人际互动；同样，学生发展的内涵也十分广泛，既包括认知发展，也包括道德情感以及能力人格的发展。学生参与理论自创立以来，引发了后续海量研究和讨论，原因在于它所蕴含的独特性和重要性。相较于其他的学生发展理论，学生参与理论更为关注学生发展的过程而不是结果，视学生投入的时间精力为大学重要的财富和资源。学生参与理论中所包含的"参与""过程""全人发展"等思想内核对增值评价理念与方法的完善以及增值评价在高校教育中的应用，均产生了深刻影响。

然而，推行增值评价仍面临一些困难和问题。一方面，缺乏本土化的大学生发展理论做指导。我国已进入高校教育大众化阶段，但在高校教育规模急速扩张期间，我国学界并没有对大学生群体展开真正意义上的长期、系统的实证研究，并在此基础上形成中国大学生发展理论。另一方面，理想数据难以收集。增值评价之所以在基础教育阶段得到广泛应用，一个重要的原因在于，学生标准化测验成绩能为增值评价提供理想的用于实证分析的数据。而在高校教育情境下，大学生的发展更为多元、复杂，不同专业的学生四年学习经历和收获存在较大差异，因此学生发展的增值情况很难通过单一的自陈式量表或标准化测试获得。

第四节　高校教育质量的量化技术

高校教育质量评价中的量化技术大体可总结为三类：其一为描述性统计分析，主要回答过去或现在的高校教育质量状况问题，可由许多维度及其子维度构成，每个子维度又可包含许多不同的量化指标。其二为回归统计分析，主要回答未来高校教育质量可能的变化情形，一般由现时或过去多年的各维度及其子维度来进行预测。其三为基于发展性评价理念的增值评价技术，主要采用多层线性模型的分析方法。

一、描述性统计分析技术

欧阳河围绕提高高校教育质量设计了 10 个问题：①您觉得目前高校教育质量的总体情况如何？②教育质量问题特别突出的是哪些教育层次或类型？③教育质量得不到保障主要是哪些环节出了问题？④当前高校教育人才培养出现的质量问题突出表现在哪些方面？⑤提高高校教育质量存在哪些主要困难和问题？⑥产生高校教育质量问题的主要原因有哪些？⑦确保高校教育质量应具备哪些前提条件？⑧提高高校教育质量取得成效的决定性因素是什么？⑨要想提高高校教育质量，当前必须注意防范和化解的主要风险是什么？⑩在提高教育质量的改革与创新中，您在哪些方面会获得好处或有所损失？就上述 10 个问题采用匿名、书面形式进行调查，调查对象主要有某省本、专科学校 39 所，计 849 人。对有代表性的 10 所大学和省委党校厅、处级干部培训班学员也进行了调查，对 29 所大学进行邮寄问卷函询调查。调查在半监督式或无监督式自填情况下进行。对回收后的数据，以百分比及表格的形式呈现了所有分析结果。研究者在最后总结时指出，虽然本次咨询采用匿名函询的方式使得函询结果比较客观，咨询结果具有较大的参考价值，但是，咨询目标对象总体较大，样本按照非概率整群抽样和分层抽样抽取，样本带有一定的随意性，教育系统外样本偏少，教育行政部门未被抽样，样本并不能完全代表总体水平。赵婷婷等对北京市高校教育质量的研究也采用了描述性统计分析方法。该研究数据源于《北京高校教育质量报告》的统计数据，同时结合我国高校教学水平评估的具体指标，从师资队伍、经费和硬件设施、教学改革、学生四个方面，对北京高校教育的质量状况进行了回顾与总结。该研究主要以图示和图例的形式，结合对相关数据的分析，对北京市几年内高校教育的质量进行了纵向的分析，因其数据从本质上来看仍是一次性获得的短期数据，所以仍以描述性统计来进行分析。

二、回归统计分析技术

刘泽云等认为，可以采用基于回归法的倾向性指数方法来估计高校教育质量的收益。研究者认为，倾向指数的估计量可以用 Probit 或 Logit 模型估计得到，对于倾向指数为 P（Xi）的处理者，用 P（Xi）附近的非处理者进行匹配。在实际应用中，倾向指数匹配法有分层匹配法、最小邻域匹配法、半径匹配法和核匹配法等几种方法。

三、多层线性模型分析技术

李湘萍等认为，在高校教育情境下，学生的学习成果（student learning outcomes）是增值评价的关键指标，如何界定和度量将直接影响评价结果。大学生学习成果的数据信息主要来自以下三个渠道：标准化测试、自陈式量表、课业考试成绩（college grades），其中标准化测试与自陈式量表是获得增值评价数据的最主要途径，在当前美国高教评估界，这两种途径可以说势均力敌，但又各有千秋。通过标准化测试与自陈式量表获得相关数据后，国内外学者主要运用分数差值法、多元线性回归模型以及多水平分析模型（hierarchical linear model，简称HLM）这三种方法对数据进行统计分析，从而最终实现对大学生学习过程和结果的增值评价。

①分数差值法。所谓"增值"，是指大学教育对学生学业成就所带来的积极影响。在实证研究层面，"增值"体现在横向研究中不同年级学生群体间的差异，以及纵向研究中同一批学生前测、后测结果的差异，分数差值法常使用关键指标，如以大学生学习成果的平均数变化效应值（effect size）和方差来表示增值的幅度大小及其变异程度。分数差值法常用于标准化测试数据的分析，操作简易，但很难从数据背后找到大学生学习成果增值的影响因素，只能进行学校之间的简单比较。

②多元线性回归模型。多元线性回归模型是分析一个因变量与多个自变量之间线性关系最常用的统计方法，也是估计观测值与期望值之间残差值的标准统计技术。通过多元线性回归模型得到的残差值，即是大学生在一段时间内学习进步的"增值"。多元线性回归模型将学生以及学校层面的各种影响因素同时纳入统计模型，深入分析学生和学校两个层面内部变量间的关系以及跨层变量间的关系，从而科学评价影响大学生学习成果不同因素的重要程度及其交互作用。

③多水平分析模型。多水平分析模型本质上是"回归的回归"，它通过量化影响学生学业成果的各种影响因素，设计回归方程，运用层层嵌套的模型分层，全面考查学生、班级、学校、地区等各种变量对学生学业成果的影响。多水平分析模型可以通过 HLM、MLwin、Lisrel、M-plus 以及 SAS 等统计软件来进行分析。多水平分析模型的主要优点在于可以将影响学生学业成果的外部因素（如学生的学习基础、家庭背景等）与学校或教师的效应分离开来，得到学校或教师的"净效应"，从而科学评价高校之于学生的影响力。

除此之外，也有学者根据国外高校教育质量评价相关模型，整合运用了多种统计分析技术来开展相关研究。张爽等在参考国内外相关学者研究资料的基础上，构建了高校教育服务质量评价的差距分析模型，并从顾客（学生）的视角，提出了一种新型的高校教育服务质量评价的模糊技术模型和方法。由于从顾客（学生）的期望和感知的角度来评价高校教育服务质量涉及人的心理活动，导致具体评价过程中存在许多模糊因素，如果忽视了这种模糊性，所进行统计的原始数据的真实性将会存在很大的问题。如果用清晰等级来划分顾客（学生）的实际感受，这和顾客（学生）心理活动的实际情况是存在很大差异的。因此，在获取实测数据时，必须考虑顾客（学生）心理感知的模糊性，避免等级的清晰划分和界点两侧的跃变，要承认等级之间的中介过渡和亦此亦彼性，这就必须借助模糊集合论的方法予以处理。高校教育服务质量的好坏并非取决于提供教育服务的高校对所提供的教育服务的评价，而是由接受教育服务的顾客（学生）对服务质量的评价所决定的。学生对教育服务质量的评价是其自身对高校提供的教育服务的真实感知和期望之间相互比较的结果，其中必然涉及人的心理活动和许多模糊因素。因此，本研究从顾客（学生）的视角，运用模糊技术方法对高校教育服务质量进行评估具有一定的科学性和适用性。在高校教育服务质量测评中应用模糊技术是一个新的尝试，具有探索性质，有待于在理论上进一步挖掘深度，在实践中进行应用和验证。

第五章　高校教育质量评价体系

第一节　高校教育质量评价体系的理论提升

一、质量评价、质量保障与质量管理

　　质量评价以质量判断为依据。质量管理问题将伴随着高校教育的繁荣存在而存在。质量保障则是质量管理发展的新阶段，具有特定的历史意义。比较而言，质量保障突出整体性，质量管理凸显过程性。现代管理学研究表明，质量来自管理，质量的高低又取决于管理的优劣。因此，高校教育质量保障的关键是建立完善的教学质量管理制度，即建立以激励为主的有利于学生个性发展的教学制度和教学管理运行机制，强化教学过程管理，加强对教学质量的监控和评价。唯有建立适应高校教育大众化和普及化的质量保障与评价体系，才能使高校教育的质量得到切实保障。早在 1998 年，联合国教科文组织的《21 世纪的高校教育：展望与行动宣言》中就明确指出："把学生视为高校教育关注的焦点和主要力量之一，应当在现有的制度范围内通过适当的组织结构，让学生参与教育革新（包括课程和教学法的改革）和决策。"可见，只有建立完善的组织和制度，才能真正发挥学生对提高高校教育质量的推动作用。如果没有组织和制度作为保障，再好的理念也只是"镜中花、水中月"，难以转化为具体的实践。再者，还要进一步加强高校校风、教风和学风建设，构建一个有利于学生健康发展的优良环境。评价是提升质量保障的有效手段，但评价又是非常困难的事情，甚至可以说是管理学的世界性难题。毕竟评价是一种基于价值的判断，具有较强的主观性。

因此，没有绝对客观、公正与科学的评价。在此情况下，评价就更需要理论的指导。如何使中国高校教育的发展在国际视野和中国特色之间保持张力，应当成为我们关注的一个重要问题。既不能让国际化变得虚无缥缈，甚至遮盖住我们办学的本质和特色，也不能让保持中国特色变成了低水平、低层次办学的借口。建立高校内部质量保障体系既是高校进一步深化教育教学改革、落实科学发展观的着力点，也是进一步巩固成果的关键，是构建有中国特色教学质量保障体系的基础性环节。要进一步促进高校的内涵发展，通过内部质量保障体系的构建和外部质量监控体系的完善，最终形成保证和提高教学质量的长效机制。高校教育要真正关心学生的生存境遇和发展命运，这就需要了解学生是否在低质量的环境中学习，而不是去对质量的定义进行令人头疼的哲学思辨。

总之，管理的对象有二：一为人，一为物。现代意义上的管理主要是通过体制和制度来实现的。一般而言，体制和制度要为人的能力的充分发挥提供机会与平台、政策与规则、管理与服务。当代中国社会最需要但又缺乏的，恰恰是保障并促进每个人的能力充分正确发挥的体制和制度。

二、高校教育质量评价体系的设计原则

（一）评价体系设计的激励性原则

高校教育质量评价，是把各学校的教育工作置于横向比较、鉴别之中，经受评价检验。通过评价，获得学校教育质量的高低、优劣信息，形成客观的比较鉴别，必将产生强烈的压力和动力，进而激发和增强他们的竞争意识。开展教育质量评价，就是相当于把竞争机制引入到教育领域，通过评价实行奖惩制度，科学的评价制度和方法将为教育竞争创造一个公平合理的良好环境。在质量评价的过程中，高校必须始终坚持以发展为本的重要原则，要根据评价对象过去的基础和现实的表现，对学校的各方面状况进行全面分析，这不仅仅是对高校的教学成果做一个价值判断，更是要通过对评价对象的评价与诊断，来发现其所存在的问

题和困难，使被评价对象进一步明确未来发展的目标，激励被评者通过发展缩小与其他高校的差距。也就是说，通过质量评价，不但可以评判一个高校教育质量的好坏，更重要的是能帮助学校诊断问题，使高校能够更清楚地认识到自己与优秀学校的差距，找到努力的方向。

（二）评价体系设计的明晰性原则

高校教育质量评价体系明晰性的原则，是指评价的目的、内容和要求都要明确、具体、清楚、明了。只有确立了明确的评价目的、评价内容、具体的评价要求，评价程序才能顺利开展，才能更好地达到评价的目的。所以，评价内容应紧紧围绕促进高校及师生自主的发展，明确要实现此目标的主要因素，并把此定为评价的核心内容。例如，应高度重视校园文化建设、人才质量的提高、学校专业与社会需要挂钩等方面的内容。尤其是对评价内容的每一个要素的具体内涵必须要做出明确、具体、翔实的界定，否则就会产生许多不必要的分歧，影响评价的实际效果。评价体系明晰性原则另一方面的体现就是，对评价者和被评对象提出具体要求，主要包括评价者的职责与任务、纪律和规定。例如，评价者要有高度负责、求真务实的精神，要公正、正直、秉公办事，要廉洁、廉明、不收礼品和礼金等，另一方面是对被评者的要求，主要包括：学校师生及员工从上到下要高度重视、真抓实干，要从细微处着手、从整体上去把握，要以评价为契机，实现学校又好又快发展。同时，评价的目的、内容和要求都要在评价活动开展之前，让评价者和评价对象了解与掌握，这样才能使评价对象有明确的努力方向和目标，才能让评价者懂得为什么要去评价、评价的内容是什么、应该怎样去评价。否则，评价者和评价对象在评价的实际工作中就会茫然而不知所措，其评价结果当然也不会令人满意。

（三）评价体系设计的可行性原则

高校教育质量评价体系的可行性原则，是指高校教育质量评价的对象具有可比性，指标体系具有可测性，评价工作具有简易性，从而保证评价工作的顺利进行。可行性要求评价工作要尽可能地用较少的指标、条目，较简便的方法、途径，反映出被评对象的本质属性和功能。开展高校教育质量评价的各项工作都要建立在具有可行性的基础上，要使高校教育评价在广泛的范围开展起来，必须使评价工作简易可行。这样，才可以使接受评价的单位把评价与改进工作结合起来，而不是把评价工作当成一个负担。另外，一项评价工作的开展需要花费一定的人力、物力和财力，如果评价不能解决实际问题，不仅浪费了国家的财富，而且也给被评价对象造成了很大的负担，导致被评价对象的不满和反感。因此，评价体系的设计，特别是评价具体指标的设计必须针对高校普遍存在的实际问题，特别要针对学校的办学定位和办学特色以及学生的实际能力等方面的问题。通过进一步完善评价指标体系，提高评价体系的可行性，突出被评价对象的个性和特色，对于促进高校的准确定位、提高被评学校学生的实际能力和创新精神都是非常有利和有效的。

三、专业与就业核心竞争力

高校现有的专业设置、组织结构显得不尽合理和规范，专业结构设置上存在盲目性、随意性，其结果造成人才积压和人才紧缺并存的结构性失衡。这必然导致"教育系统"与"就业系统"的错位，进而影响学生的就业，这也是导致一些专业"忽冷忽热"的深层原因之一。普通高校教育的质量主要表现为社会适应性，因而市场竞争就成为大众时代高校教育质量保障的主要方式。而信息的完全程度，也就是信息在高校与外界（政府、社会和高校）之间以及高校内部各成员之间的对称程度直接影响着市场竞争的有效性。这样，高校教育领域内的信息对称程度就成为高校教育质量保障工作有效开展的重要影响因素。仔细分析发现，高校自身办学特色不足，未能很好地根据产业经济和地方社区发展需要来设置优势专业，这是影响专业竞争力的一个必要条件，自然也影响着大学生对专业的归属与认同。专业的发展方向就是特色和竞争力、比较优势。如果没有特色、没有竞争力、没有比较优势，那么这个专业就不是一个好的专业。专业是高校人才培养工作的载体，专业设置的合理与否不仅关系到专业自身是否具有合理的存在逻辑，而且关系到高校所培养的人才是否具有较强的社会适应性。与此同时，社会需要的专业很多，但学校的资源是有限的。学校要在自己所能的范围内，扬长避短，培植优势，打造特色，以优势立足，以特色取胜。无论是单一性、精英式的传统质量观，还是多样性、大众式的现代质量观，都在一定程度上反映了不同时期的社会政治、经济和文化对高校教育的不同要求以及高校教育的价值取向。现代意义的高校教育质量观最主要的特点是"质量"和"质量标准"的多样化，因此，应重点强调高校教育质量评价标准的公正性、科学性和国际性，强调高校教育评价的"个性化"和"特色化"。

四、质量评价与经费结构

教育投入是现代政府公共财政支出的重要组成部分，高校教育是一种准公共产品，政府应主动承担起高校教育投入的责任。市场化和产业化并不是政府推卸加大教育投资力度主体责任的借口，而是要自觉增加对高校教育的投资，因为对高校教育投资，也是人力资本投资的重要形式，是强国富民的重要途径。

如今，各国高校经费来源都呈现出多元化的特点，各国高校教育经费的筹资渠道包括政府的财政收入、税收、学费、企业资助、捐赠、继续教育的收入及校办产业的创收等几个方面。美国筹措高校教育经费的主要渠道包括政府拨款、学费、销售与服务收入、捐赠及其他收入等；英国高校教育经费主要包括政府拨款，其中主要是大学基金、研究资助、产学研结合筹措经费、学费、民间捐赠、招收留学生等。与国外高校经费来源相比，我国高校经费还是以政府投入和学费为主要来源，还需积极拓宽资金来源渠道，并提高为社会服务的水平和质量，进一步完善融资体制。与OECD国家相比，我国的高校教育事业性经费支出结构中的人员经费支出比例明显偏低。为提高我国高校教育经费的使用效益，除建立相对合理的教育经费支出结构以外，还应积极建立科学、规范的高校教育支出绩效评价体系和制度，将教育支出结构与支出效率相联系，切实提高经费使用效率。

在高校教育质量评价过程中建立有效的激励与约束机制势在必行，政府一方面应加大教育投入力度，另一方面也应注重资源使用效率，使物尽其用，将教育经费的投入与质量评价结果结合起来。质量建设关注利益结构的调整，主要通过经济杠杆来实现；质量保障关注教育教学活动过程中行为准则的规范和调整，主要通过相关的质量制度和质量标准来实现。

第二节　高校教育质量评价体系的哲学探究

高校教育评价是对高校教育教学、学术研究、经营管理、社会服务等相关的系统、组织的评价。我国学者认为它是"以高校教育为对象，依据高校教育目标，利用一切可利用的评价技术和手段，系统地收集信息，并对其教育效果给予价值上的判断，为做出决策、优化教育提供依据的过程"。

所谓的大学评价可以理解为根据一定的评价标准对其组织和机能所具有的价值，依照一定的目的，在一定水准的基础上，做出科学判定的过程。高校教育评价是一个复杂的过程，是以价值判断为核心，以与高校教育直接或间接相关的事物和人为对象，主要目的不在于价值判断的本身，而是通过价值判断，科学地利用其判断结果，优化高校教育，使其功能得以充分发挥。

哲学上的价值体现在主体与客体之间、需要与满足之间的关系，是客体所具有的属性同主体需要之间的一种特定的关系。高校教育的价值是高校教育主体与客体、需要与满足之间的关系，即高校教育的客体所具有的属性同高校教育主体需要之间的关系。主体的需要对于客体来说是否能够满足，其中存在着一种价值的判断，把这种价值判断进一步进行制度化就会形成评价制度。高校教育评价制度的形成不是偶然的，而是在高校教育不断发展的历史过程中形成的，并且不断地完善和发展。本研究试图从高校教育评价的主体论、多元论等几个侧面来探究高校教育评价的本质。高校教育评价本质的研究，不但能够完善、丰富高校教育评价的理论体系，更重要的是能够促进高校教育健康地发展。

一、对高校教育评价主体论的辨析

在以知识经济为基础的社会中，随着高校教育规模的不断扩大，高校教育已经走进了"社会的中心地"，高校教育的利益相关者也越来越多，他们都有权利对高校教育进行评价，并成为高校教育评价的主体。高校教育由谁来评价，将决定着评价的基本性质。由于评价主体的评价理念、目的、标准、内容等有所不同，与评价相关联的结果也不同。理论上高校教育利益相关者都有可能成为评价的主体，因此对他们一一进行论述，事实上是一件很困难的事情。那么，在现实的评价中，作为主体的是政府、国民，还是当事者？我们以评价的对象为基准，把评价的主体分为作为当事者的高校和高校以外的政府、第三方机构来进行探讨。

（一）高校本身作为评价的主体

把高校本身作为评价主体的评价，我们将其称之为自我评价。实施自我评价的高校具有双重性质，既是评价的主体也是评价的对象。高校自我评价的理念和目的会直接影响到评价的质量。就自我评价的目的而言不外乎有两个：一个是为了高校自身的生存和发展，提高市场竞争力，保障和提高教学、科学研究、经营管理、社会服务等各个方面的质量。这是一种纯粹性的自主自律的自我评价，它的动力来源于高校自身。另一个是为了应对来自高校外部的评价，在外部评价的压力下被动实施。因为外部的评价一般是在自我评价的基础上进行的，高校不得不实施自我评价，这在法律或制度上有新规定，并且外部评价的结果直接关系到高校自身的利益。这种自我评价可以称之为被动自评。我国的现实情况表明，高校实施的自我评价基本上具有上述两种因素。要想真正做到自主自律的自我评价，必须提高作为评价主体的高校对自我评价本质的认识。

自我评价主体的组成成员主要来自该高校的管理者、教职员及学生。为了保证自我评价的真实性和公正性，还应该有高校以外的代表参加。从管理层和教职员中选出一部分较有影响力的代表、学生代表和校外的代表组成自我评价组织，在一定的办学理念指导下，按一定的评价标准和程序进行评价，形成评价结果，做成自我评价报告书，并将评价结果向高校内外公开。高校教育的教育主体是作为受教育者的学生，学生作为自我评价的组成成员之一，他们的自我评价报告在理论上是最具有说服力的。可是在现实中，高校的自我评价组成成员里很少或者根本没有学生代表，受教育者的权利在评价中没有得到体现，这说明了自我评价在主体组成上存在着一定的问题，也是必须解决的问题。

作为自我评价主体的高校应该切实肩负起评价主体的责任。如果自我评价与评价的结果只是停留在对自己所在高校的介绍甚至美化上，未免与自我评价的本质相差甚远。自我评价如果不与高校自身的改革联系在一起，就会失去自我评价的意义。自我评价必须做到客观、真实。高校应将其作为一种管理经营的手段，有效地利用自我评价的结果，找出学校在教育教学、科学研究、管理运营等过程中的优点和问题，这对高校制订改革发展计划有着重要的作用。通过自我评价进一步发挥高校育人的能动性，激发教师的积极性，努力改进教学，提高科学研究质量，改善经营管理水平，才能实现自我评价的真正目的。

（二）政府作为评价的主体

在一个国家或社会里，对于高校教育来说，其权力当局者就是国家及政府。国家对高校教育实施评价，其本身就已经改变了原来的高校教育管理方式。国家要从高校教育所处的国内外形势、环境出发，宏观上把握高校教育的情况，制定发展策略。国家或政府作为评价主体的评价属于行政性评价或者政策性评价。

以国家或政府为评价主体的高校教育评价，通过转变教育行政部门管理职能，制定相关的法律或规章制度来加强和改进对高校教育工作的宏观管理和业务指导，强化对高校教育教学质量、办学条件等的监测和调控，其目的是促进高校教育事业持续、健康发展，保障和提高整个高校教育的质量，使之发挥更大的作用。国家或政府多是通过设立直属的行政评价机构来具体实施评价。这些直属的国家行政评价机构代表国家意志，根据相关的评价法律文件等制定评价目的、目标、基准、规则、程序等，对高校进行评价。

此外，这种评价实施的一个重要的前提是评价与资源分配有着直接关系。进一步来说，这种评价本身会成为资源分配的一种方法。为什么国家或政府能够成为高校教育评价的主体，这里涉及评价权力问题，或者说是资源分配权力的问题。资源分配的主体一般是资源拥有者或管理者。实际上，现在社会的特征显示，管理者是最具有资源分配权力的，他们与资源拥有者有着密切的关系，因而成为上位者。上位者评价与之相关联的下位者被认为是理所当然的，这种权威性来自资源的所有权。在规范哲学中，正义论认为：市场上的交换存在着性质截然不同的两种形式，一种是交换性正义，一种是分配性正义，前者在平等的基础上具有自主的性质，后者在上下关系中存在着权威性。例如，在社会中上司评价下属，在学校里校长评价教职员工、教师评价学生，这种上下级评价是现实中所存在的。那么，国家或政府为主体的高校教育评价就属于上级对下级的评价，它的权威来源于所属关系和资源的分配。

（三）第三方机构作为评价的主体

第三方机构作为评价主体对高校教育实施的评价我们称之为第三方评价。第三方评价机构是非高校、非政府性的，又与高校和政府有着密切关系，是非营利性的组织机构。它应该具有独立的法人地位，拥有自主权，是一种专门性较高的高校教育评价组织。第三方评价应该具有真实性、客观性、透明性和科学性等特点。评价结果应该向被评价的高校和整个社会公开，其主要目的在于为政府和高校的决策与改革提供咨询服务和重要依据，完善高校教育信息市场。第三方评价在保障和提高高校教育质量、优化高校教育结构、使高校教育可持续发展等方面发挥着重要的作用。

第三方评价的组织主要是由具有较高的责任感、丰富的高校教育经验的学者、专家等构成，组成成员多来自高校、高校教育研究、管理等部门。由知名学者和专家组成的评价队伍，是第三方评价权威性的主要来源。这些知名的学者和专家凭借着他们丰富的教育教学、研究管理等知识经验和理念，在国家高校教育方针政策的基础上，制定高校教育评价的目标、标准、指标、内容、方法、程序等，按照具体程序，本着高校自主与协商的原则，对高校进行评价。

高校已经实施了以保障和提高自身的教育教学、科学研究、经营管理为目的的自我评价，为什么还需要第三方评价？这里存在着"不识庐山真面目，只缘身在此山中"的一个哲理性问题。由于各高校的办学理念、发展的历史、类型、层次等有所不同，作为高校的最高决策者的管理经验和水平等也存在差异，在制定自我评价的目标、标准、内容、方法等方面存在着合理性问题，同时也存在着评价的过程、结果等是否真实、客观等问题。这些问题的发现及合理的解决方法的建议提出等需要一个科学的、客观公正的第三方来评价。

第三方评价的主体也应该多样化。一个第三方评价机构未必要对高校教育所有领域进行综合性评价，可以根据自己机构的组成成员的特点及实力，对高校的一个或部分领域实施评价，这样可以保证评价的专门性和科学性。像这样由多个具有专门性的第三方评价机构形成的第三方评价系统，如果能够真正地、充分地发挥系统功能，那么对于保障和提高高校教育质量就有着重要的意义。

二、对高校教育评价多元论的评判

多元论是在某些特定的场合，综合性地肯定和接受某种事物的多样性的立场或观点。对于事物而言，它的存在是由这种事物本身的价值所决定的。价值多元主义是哲学性的伦理学之中的一种思想，其认为：在现实中，同等地存在着正确的、根本性的多种价值，这些价值是相互矛盾统一的。在多种情况下，它们之间是不能相互替换的，因为它们不具有客观的序列性。高校教育评价的多元化形成是因为这种评价本身存在着多元化的价值，它不仅表现为评价形式的多样化，还表现为评价层次和内容的多样化。这种根本性主要来源于高校教育的多元化发展。在高校教育评价领域里存在着多元的评价主体、多元的评价对象、多元的评价标准等。

（一）评价主体的多元化

高校教育由谁来评价？这个"谁"就是评价的主体。主体之所以具有评价的权利，是因为它们是高校教育的利益相关者。随着高校教育的发展，高校教育的社会价值越来越大，所作用的社会领域越来越多，利益相关者也自然越来越多，多元化评价主体的产生也就成了一般性的道理。在现实中，多元化主体的产生还与一个国家的高校教育发展阶段、国民的民主性觉悟、具体的国情等有着密切的关系。

按照高校教育评价主体产生的顺序，应该是高校自身作为评价的主体最先登场，因为它所担负的高校教育的责任最直接、最重要。随着高校教育的市场化进程，作为高校教育消费者的学生和家长的民主意识不断提高，对高校教育的要求也不断增加，即要求他们所购买的"产品"在质量上得到保障，在社会中得到认可，因此，高校不得不在"产品"的附加值上下功夫，以赢得消费者的信赖和承认。而将这种理念作为前提，高校就要付出实际行动，不断地用自己的手改善自己、改革自己，保障和提高自己的质量。从"入口"到"过程"再到"出口"，不断地检查和评价，并把上一次的评价结果作为下一次评价的开始，循环往复，不断地改革和创新。

高校教育的发展也会反作用于国家与高校的关系。在高校教育不同的发展阶段，这种关系的体现也有所不同。他们之间由原来的"权利"和"义务"关系，逐渐地向"管理"和"责任"的关系转变。在"管理"和"责任"之间会存在着一个"纽带"或"桥梁"，这个"纽带"

或"桥梁"就是评价。评价产生的同时就会出现评价的主体，国家对高校教育的评价其主体自然是国家或政府。国家或政府通过制定高校教育的大政方针来引导高校教育发展。高校教育大政方针的制定必须在国家高校教育事实的基础上进行，事实来源于评价的结果。国家或政府作为高校教育的评价主体的产生和存续，其价值是无法替换的，其意义十分重大。

在国家和高校之间存在着既"非此非彼"又"亦此亦彼"的第三方。第三方评价主体必须对国家和社会负责，与高校之间存在着平等、自愿、协商的关系。在"高校教育评价时代"的今天，第三方评价主体的产生和发展，既能够丰富高校教育评价的形式和内容，又能够客观、科学地保障高校教育质量，为高校接受外部评价提供更多的选择空间。它所存在的价值在于客观、公正、真实、科学、公开等，这种价值是其他任何评价主体都无法替代的。

评价主体的多元化是"高校教育评价时代"到来的基本特征。多元化的主体从不同的侧面对高校的教育教学、科学研究、管理经营、社会服务等各个方面进行检测、监察，对具体高校的改革与发展提出意见和方法策略，保障高校教育健康发展。

（二）评价对象的多元化

随着高校教育的不断发展，高校呈现出多类型、多层次的发展趋势，有国家直属高校、地方高校、民办（私立）高校、中外合作办学等，有研究型大学、教学研究型大学、教学型大学、高职高专等，有历史悠久实力雄厚的大学，也有新建本科院校等。这些多样化发展的高校是与社会发展的需求相适应的，为社会发展培养各级各类、不同规格的人才。由于各高校的具体职能不尽相同，他们存在的价值也有所不同。正是这些职能、价值不同的高校的存在使高校教育评价的对象呈现出多样化。由于高校教育评价对象的多样化，相应的，高校教育评价的形式也会向多元化方向发展。

高校教育发展的历史表明，高校教育的功能在不断地扩大，高校的职能也在渐渐地增加，现在已经形成了被学界和社会公认的三大职能，即培养人才、科学技术研究、直接为社会服务。随着高校教育的发展还可能会出现更多的职能。就三大职能来说，高校是否真正地发挥了它的作用，或者如何保障和提高三大职能发挥作用的质量，需要对其进行评价。把高校的社会职能作为评价领域，这个领域也是多元的。评价领域的多元化也会影响到高校教育评价的多元化。

高校培养人才，目前为止主要是按着院系和专业来培养。由于高校的不同，所设的院系和专业也不同，同样名称的院系及专业在不同的高校，其教育教学、科学研究等的水平和质量也存在着差异。如何保障相同专业在培养人才和科学研究上的质量，近年来受到人们的普遍关注。把专业作为评价对象，这个对象更加广泛，更加多元化。

高校教育评价对象的多元化会使高校教育评价出现多种类型。如根据评价对象的不同，会产生针对研究型大学的研究型大学评价、针对教学研究型大学的教学研究型大学评价、针对教学型大学的教学型大学评价、针对新建本科院校的新建本科院校评价、针对高职高专的高职高专评价；根据评价领域的不同，也会出现针对培养人才领域的教育教学评价、针对科学技术研究领域的教育研究评价、针对直接为社会服务领域的社会服务评价。把不同的院系或专业作为评价对象，就会形成多种专业评价。在这些评价之间存在着类型和层次的区别，它们既可以完善高校教育评价系统，也能够使高校教育评价向高度专门化方向发展。

（三）评价标准的多元化

高校教育从精英教育发展到大众化教育再到普及化，是随着科技和经济发展到一定阶段，人们对高校教育追求的增加和国家及社会对高校教育需求的不断扩大所形成的。它的原动力来源于高校教育的"内推"和"外引"。"内推"就是个人对高校教育内在需求的增加，"外引"就是国家的高校教育政策制度。从高校教育哲学层面上讲，这是认识论和政治论相互作用的结果。高校教育是否能够满足个人、国家和社会的需要是高校教育评价的哲学依据。高校教育评价标准对于高校教育评价来说，是一个极其复杂而重要的问题。大众化及普及化阶段的高校教育，也存在着精英教育，这种复杂的教育形式决定了现在的高校教育评价标准应该是多元化的。

在多样化的高校教育市场需求之中，评价主体要充分考虑这种供求关系。在评价标准的制定上，应该具体从两个方面出发：一个是个人的需求。各高校各自在多大程度上能满足哪一类受教育者的需求，这是评价主体在制定评价标准的时候应该考虑的重点要素之一。围绕着培养人才和满足个人的需求，会涉及具体高校的各个方面要素，如教育教学、管理运营、历史特色、地理位置、物质资源、师资构成、学生情况、专业设置、学科建设、学术科研、社会声誉、发展潜力等。另一个是国家和社会的需求。国家和社会的需求是随社会发展而产生的，并逐步呈现出多样化特征，是基于国家和社会的政治、经济与发展情况对劳动力、专门人才、科学技术等要求而产生的对高校教育支付能力的需要。这些需求主要来自政治、经济、文化、科技、人才等领域。评价主体在制定评价标准的时候，对于高校在多大程度上能够满足国家和社会的哪些需求，也是必须考虑的重要因素。

由于高校教育发展阶段的不同、高校的类型和层次不同，在满足受教育者个人、国家和社会的需要程度的价值判断上也有所不同，因此，对其评价的标准也应该是多样化的。高校教育评价主体如何制定评价标准，与这个主体判断高校教育的价值尺度有关，作为评价的主体必须清楚地把握现阶段的高校教育状况，国家和地区在政治、经济、科技等各个方面对高校教育的需求，并且能够科学地预测高校教育发展的未来，这是制定评价标准的基本前提。评价主体多元化，其评价的目的也有差异；评价对象多元化，其评价的内容也有所不同。因此，高校教育评价标准也应该是多元的。

三、对高校教育评价政策的哲学分析

伴随着我国高校教育评价工作的开展和对高校教育质量的追求，从1985 年国家颁布第一项高校教育质量评价政策，到如今评价贯穿于各项有关高校教育质量工作的政策中，作为高校教育不可缺少的一个重要组成部分，高校教育质量评价政策经历了一个不断发展、不断成熟的过程。

（一）从战略设计上看，高校教育质量评价政策经历了一个由一般到具体的发展过程

1985 年颁布的《中共中央关于教育体制改革的决定》指出："教育管理部门还要组织教育界、知识界和用人部门定期对高校的办学水平进行评估。"这是我国政策中第一次对高校教育评估提出明确的概念和要求。此后，理论界围绕高校教育评估对象、目的、意义、评估标准、指标体系、评估方法、国外高校教育评估等展开了探讨。与此同时，由国务院、教育部（原国家教委）等制定的关于开展高校教育质量评估的有关规定、条例、方案陆续出台。

我们无需将多年中的这些文件罗列出来，但从我国高校教育质量评价政策的主要内容可以看出，我国高校教育质量评价政策从无到有，并且一直贯彻在各项加强本科教学工作的文件中，政策设计也从粗放式的简单要求到具体、详细的评价规范。如从评价概念和要求的提出到评价管理机构的职责划分，从初时的政策文件到以立法的形式确定高校教育评价，从高校教育宏观调控体系与评价制度的建立到不同科类高校开展教学工作评价制度的形成，从教育主管部门对高校的评价到建立高校内部教学质量检查监督的措施和办法，从教学工作水平评估原则的确立到对指标体系、等级标准、评估结论、评估方针的明确规定，政策设计的指向性越来越明确，对评估工作的指导和规范作用逐渐加强。到目前为止，可以说在任何一项有关高校教育质量的政策中，评价都成了不可缺少的重要组成部分。

（二）从本质上看，高校教育质量评价政策经历了一个从工具性价值到目的性价值转变的过程

高校教育质量评价政策包括两个方面的价值：一是对高校教育质量评价的统筹规划、发展方向所制定的指导原则，主要是协调高校教育质量评价的内部关系；二是国家高校教育质量评价活动的方向和评价发展

目标，主要是协调高校教育质量评价的外部关系。内部价值着重于解决高校教育质量评价活动的内部矛盾，即通过解决质量评价生存和发展的应然目标与实然状态之间的矛盾，最终达到使受教育者全面自由、和谐发展的目的。高校教育质量评价政策的内部价值，主要是以合乎质量评价和人的发展以及合乎的程度来评判。这种价值可以称为高校教育质量评价政策的目的性价值。而评价政策的外在价值着重于解决高校教育质量评价的外部关系，具有一种国家功利主义的价值取向，称为工具性价值。从本质属性来说，高校教育质量评价政策的内在价值高于外在价值，高校教育质量评价政策的目的性价值高于工具性价值。

我国政府在评价政策制定过程中，坚持国家发展与高校教育质量保障的统一。一方面通过评价提高高校教育质量，视高校教育质量为其参与国际竞争和满足社会对人才需求的工具。另一方面，国家权力通过评价政策，调集大量资源发展高校教育并解决教育质量中出现的问题。从国家利益与高校教育利益的关系来看，鉴于我国的社会实际以及教育地位的低落和发展方向的迷失所造成的种种弊端，在现阶段出台的评价政策中，相对突出的是第二个方面，即重视其内在价值，尊重高校教育自身发展的内在需求，引导高校教育质量评价各项工作规范、有序地开展，从而促进高校教育质量的不断提高，为社会整体进步提供原动力。可以说，我国高校教育评价政策的演变过程是一个从工具性价值到目的性价值不断升华的过程。例如，《普通高校教育评估暂行规定》是第一次对高校教育质量评估进行立法，指明普通高校教育评估的主要目的是"增强高校主动适应社会需要的能力，发挥社会对学校教育的监督作用，自觉坚持高校教育的社会主义方向……更好地为社会主义建设服务"，强调"普通高校教育评估应坚持社会主义办学方向，认真贯彻教育为社会主义建设服务、与生产劳动相结合、德智体全面发展的方针，始终把坚定正确的政治方向放在首位，以能否培养适应社会主义建设实际需要的建设者和接班人作为评价学校办学水平和教育质量的基本标准"。政策行文中"社会主义办学方向""高校主动适应社会需要的能力""正确的政治方向放在首位"等措辞，彰显了高校教育质量评价政策的工具性价值。到了《中国教育改革和发展纲要》的提出"建立各级各类教育的质量标准和评估指标体系。各地教育部门要把检查评估学校教育质量作为一项经常性的任务……对职业技术教育和高校教育，要采取领导、专家和社会用人部门相结合的办法，通过多种形式进行质量评估和检查。各类学校都要重视了解用人单位对毕业生质量的评估"，政策行文开始转向强调不同类型高校的评估和不同形式的评估，转向对人的发展价值的关注，倾向于促进受教育者全面自由、和谐发展的目的。而其后的一系列评估政策，包括分科类高校评估、评估的组织、评估的要求、评估的指标体系的变化、评估的措施、方法的规范等，都是为了协调评估过程中的内部关系，为了对评估进行统筹规划和发展进行指导，促使评估从实然状态走向应然目标。

（三）从功能上看，高校教育质量评价政策经历了一个从基准控制的导向功能和奖优罚劣的调节功能向提高质量的管理功能的转变

教育政策的本质决定了教育政策具有导向、调节和管理的功能，从而使教育政策具有客观的价值属性。高校教育质量评价政策也是如此。20 世纪 80 年代中期至 90 年代中期发布的高校教育评价政策，赋予了质量评价基准控制和奖优罚劣双重功能。《中共中央关于教育体制改革的决定》明确指出，"教育管理部门还要组织教育界、知识界和用人部门定期对高校的办学水平进行评估，对成绩卓著的学校给予荣誉和物质上的重点支持，办得不好的学校要整顿以至停办"。《普通高等学校教育评估暂行规定》提出，高校教育评估是"对学校办学水平和教育质量做出评价，为学校改进工作、开展教育改革和教育管理部门改善管理提供依据"。这些都是通过评估对高校办学基准和质量进行控制的体现。此后的许多评价政策也关注了不同类型高校之间、不同集团之间的差异，有效地协调了它们之间的关系，保证高校教育事业平衡有序地发展，为高校的分类发展奠定了基础。

第三节 高校教育质量评价体系的实践要素

就高校教育的质量评价体系研究和高校教育质量保障体系研究而言，关于"质量评价"和"质量保障"这两个概念，本研究在查阅文献和研究的过程中发现，国内这两方面的研究和概念界定存在相互套用的情况。其实对于高校教育质量管理来说，高校教育质量评价和高校教育质量保障是既相互联系又相互区别的，这两个概念在高校教育质量观中有简单的区别。为使研究更加集中和有针对性，本研究再次对其进行概念厘清。

高校教育质量评价指的是"以高校教育为对象，依据教育目标，利用一切可利用的评价技术和手段，系统地收集信息，并对其教育效果给予价值上的判断，为做出决策、优化教育提供依据的过程"。也就是说，高校教育的质量评价体系实际上是建立在收集信息的基础上，以价值判断为目的的过程。从世界高校教育发展来看，高校教育质量保障制度的普遍建立已经成为大势所趋。但是，国外的高校教育质量管理制度经验都说明质量保障制度是建立在质量评价制度之上的，也就是说质量评价是质量管理制度的基层建设，质量评价所得出的相关的价值判断和信息是质量保障和质量改进的基础数据。通过访谈国外相关大学内部评价管理人员和分析他们的评价报告，我们发现院校内部质量评价体系的完善需要充分发挥基层学术组织在专业发展、人才培养上的作用。

一、行政管理模式的转变

改变院系型的行政管理模式，确立知识型的学术基层组织制度。从理论上来说，学科是大学的细胞，是大学教学科研发展的基础所在。学科这些极其重要的单位，可以被看作是一种组织的基础。高校从整体上来说实质就是一个学术组织，是一个学科群的集合体，越到基层越倾向于某一单一学科体系，这样才可能符合其整体学术性的要求。因此，基层组织的学科属性和学术特性是由大学与生俱来的特性所决定的。教学、科研和为社会服务的大学三大职能，其实质都是知识创新。教学职能是通过人才培养达到知识的传承，继而为知识创新做准备；科研职能是通过科学研究直接进行知识的更新换代；为社会服务是建立在教学和科研基础上的。当然，这些知识创新需要制度保障，而以学科为基础的知识本体模式则成为此创新的重要载体，这样的基层制度建设才是成功而有效的。

知识本体模式的基层组织制度是人才培养创新的基础，它为课程多样化和灵活性的设置提供可能。只有建立在知识本体模式之上的课程设置、教学、评价，才可能给予授课教师最大的权限和责任。这样才可能保证在课程设置之前，授课教师有充分的主动性来进行市场分析、学生调查，并根据相关信息具体设计出最符合知识发展的人才培养目标，或者是最符合学生需要、最符合市场需求的课程内容、教学方式，并能够根据学生的评价来适时调整教学内容和教学方法。

以多样化课程组合而形成的模块课程学位制度必须建立在知识本体的基层学术组织模式基础上。"如果你正在寻找一个硕士学位，我们灵活的课程设计将在你需要的专业领域提供更加专业化的知识，并为你提供更加广泛的学修课程整合在你的课程模块中，以适应你个人兴趣和需要。当你并不确定你能够承担所有的硕士学位课程时，你也可以选择灵活的 PCES 的课程模式。"以上这段话正好说明了在同样的学位背后可以通过多样化的课程模块来满足多样化的学生需要和市场需要。而多样化的课程模块需要学科间的自由互动和交流，学科是相对独立的，知识是综合的，知识本体的基层学术组织建设将为这样的学科交流提供空间和可能。

反观院系实体模式，课程设置模式可能改变自下而上的知识出发途径，遵循自上而下的管理思维，从大学发展和社会发展需要出发，这样就会忽视知识、市场和学生发展需要；而站在知识前沿的教师则因为没有基层发展责任而丧失了参与课程设置的动力和机会。此外，在各自为政的院系实体中，学科间的交叉交流空间相当有限，封闭的院系限制了学科交流的可能，学科孤立发展模式违背了知识融合的规律，只会导致学科发展越走越有限，人才培养机制越来越狭窄。知识结构的不合理导致创新型人才培养的空间相当有限。可见，只有符合知识发展规律的知识本位的基层组织模式才可能在大学的教学职能中、在人才培养内容和模式创新中有所作为。

二、内部评价制度完善

扁平式和分权并立的管理模式保证了大学内部评价制度的完善。该模式的形成符合质量管理"改进和转变"的理念。管理"精致化"是当代管理改革的趋势。扁平化强调压缩管理结构，减少管理层次，下移管理重心，提高信息传输效率，增强系统适应外界变化的灵活性。分权化强调分解权力、职能和责任，创设竞争环境，激发系统活力。但是过分强调扁平化，会影响管理结构下移管理重心，可能导致中心管理事务过于庞杂；过分强调分权化则可能导致基层组织间的过分攀比竞争。二者的结合在大学的管理结构中表现清楚：一方面，大学中心的管理职能和权力、责任通过学部、学院各级组织逐级下放，首先实现分权管理；另一方面，中层管理学部的出现、学部数的减少既符合学科融合的趋势，也是整合管理层级的需要。职能和政策的执行可能是三层结构也可能是两层结构，可能是从大学中心管理通过学部再到学院的正常传输过程，也可能就是从大学中心管理直接到学院，还有就是在学部和学院两级间解决的事务；当然，一切都视具体情况而定。

从管理结构来看，学术行政采用分立模式，行政服务学术理念稳固，不同学术部门间既为保持学术独立和自治性而相互分立，又通过学部为学科间的融合发展保持可能，这样的模式为教学、科研上秉承学术独立性提供了切实的内部保障机制。而通过大学层面的学部间的交流来从中观层面上推动基层学术组织的学科融合和发展，既符合知识发展的逻辑，也符合问题研究范式，更是一种加强大学内部良性竞争合作的管理模式，有利于促进以知识本位为基础的基层学术发展。学术和行政分立模式，一方面保证行政以学生服务为中心的工作理念，学术领域内以学部为统筹，以学院为主要教学科研单位，学院和中心的并立存在都为以研究引导教学的理念提供了可能；另一方面，学部减少，学科间融合趋势加强，加强了学科交流，打破学科壁垒，为教学法的相互学习提供了新的渠道。

三、多层次质量评价

大学内部推行以基层质量评价为基础，中层关注质量保障，高层关注质量改进，人人为质量负责的质量评价制度。

（一）建立在课程审批、教师发展、学生评测和学生反馈基础上的基层质量评价

根据对教学质量以及质量管理战略的理解，高校教育机构应当对四个影响教学质量的要素进行重点规范。这四个要素分别是：新课程或模块的审批、教师发展、学生测评、学生反馈。新专业（包括新课程或模块）的开设被视为是对教学质量影响较大的一个因素，因此，其审批过程也十分严格。一个本科专业从提议开设到获得批准，需经过下列机构的层层审批：学系委员会、学院本科生学习委员会和附属学院或研究生学习委员会、学院委员会、评价与审批委员会、学术质量与标准委员会、学校参议院。合作开设课程还须由合作与远程学习分委员会审批。大学对上述各机构应具体考虑的问题都有详细指导，以规范其审批工作。概括地说，它们主要考虑新专业的可行性和学术合理性问题。可行性问题包括有关专业所需资源、市场需求、是否符合外部规则与标准等；合理性主要指学术合理性，包括对诸如专业设置的目的、培养内容、课程结构、教学方法安排以及测评方法的合适性等进行考查。在新专业评审中，不但应该重视专业的学术合理性，而且应该重视专业的市场需求情况，因此要求申请单位必须提供详细的市场调查情况，尤其重视雇主的意见。专业审批过程中，后一环节首先要对前一环节的审批程序执行情况作一个大概的了解，以监督并保障课程审批工作的执行，使审批过程环环相扣，保障各阶段工作的落实。

教师发展制度主要由学术实践中心和大学学术成员发展与评价委员会负责，其内容包括开设系列课程和培训、提供资助和安排学术活动。

课程和培训涉及教学、测评、研究、学生管理、行政以及个人发展等方面。这些项目都是向所有人开放的，一般时间短，但针对性强。而对于试用期的教师，大学设有专门的"introduction"项目，包括教学准备、教学发展、教学评价、导师个人角色、研究导师等课程，以帮助新教师迅速适应工作，并融入校园文化之中。在提供资助方面，主要是供教师参加有关学术会议或相关培训。大学为教师提供的发展项目同样也要接受有关部门的评价和监督，以不断改进和提高发展项目本身。

学生测评应当被视为检查课程教学效果的重要环节。在这一环节，学生和教师能同时获得有关其学习和教学的反馈，从而帮助改进学和教。大学应该通过外部监察制度及时采用学生测评反馈的方式，充分发挥学生测评在促进教学质量上的积极作用。所谓测评反馈，指将测评结果及时反馈给学生，帮助他们改善学习。大学要求各机构将测评反馈的时间、方式等以制度方式明确公开，并针对公开制度建立评价机制。在课程开始之前，有关机构要将预期的学习要求以及反馈形式公开告知学生，以保证学生事先对课程的学习结果有完整的了解，并明确学习过程各步骤的要求。这样就使学习、测评和测评反馈联结成一个回路。学生根据测评反馈进行改进，改进的情况将在下一轮学习和测试中体现出来；然后教师再次给出测评反馈，并根据上一次的情况进行调整。如此循环往复，以保障学生学习质量的不断提高。

学生对课程和教学的反馈意见越来越被认为是保证课程质量的十分重要的方式。大学通过各种方式收集学生的反馈意见，并通过师生联络会以及学生代表在各委员会中的任职来直接反映情况。收集学生反馈意见主要是通过问卷形式，由课程领导负责，在学系这一层面进行。通过问卷，大学可以获得学生对专业及课程设置、内容和组织以及课程教授等方面的评价，以不断完善专业和课程模块。在对单门课程的评价中，大学也要求学生进行自我评价，评价自身出席课程的情况以及努力的程度，以保证学生相对客观地看待有关课程问题。近年英国华威大学出台了有关问卷设计、方法以及结果分析等方面的指导性文件，旨在指导学系更科学地设计问卷及其数据，以改进和提升课堂设计和教学实践。

师生联络会是学生就有关学术问题发表意见的重要的正式渠道，它还监督各学系对学生反馈意见的采纳情况。这一机构各系都有，由学生领导每年定期召开会议，学生可以就教、学以及学生支持等方面的问题展开讨论，提出意见，学生的主要观点将通过该组织向有关委员会汇报。在实施监督职能上，学系要将其针对学生反馈意见采取的措施向学生学习委员会报告。学生学习委员会要向学院提交年度报告，在明确大学范围内的优秀操作实践以及存在的问题后，由学院向大学质量保障机构汇报。

（二）建立在课程定期评价、年度评价基础上的中层质量保障机制

要素规范作为质量保障体系的建设性部分，其实施情况要接受大学评价。作为督促的主要方式，大学需要通过各种形式的内部评价定期检查院系教学质量保障工作。这些形式主要有课程定期评价、课程年度评价以及学系年度评价。

第一，课程定期评价以学院为主体，学系的自评报告基础上进行各系的自评报告上交学院委员会，学院委员会汇总后上报院校质量保障机构。该评价每五年一轮，以单门课程为单位开展，旨在鼓励各系对课程发展进行长远考虑，刺激新的课程设计并保障各系教育质量的提高。确定好评价的课程及时间后，学系将自评报告提交给学院委员会，后者将组织评价小组开展评价。评价小组成员不得少于三人，且都是外系学术人员，一个必须来自外院。他们对被评价学系提交的下列材料进行详细汇报和反馈：①自我评价报告（包括学术数据库中的有关数据）；②上一次定期评价的报告；③外部评价和任何外部专业团体的认证报告，以及在 AQSC 指导下针对这些报告中提出的问题采取的有关措施；④过去三年的外部监考员报告；⑤上一次定期评价以来的所有有关课程的年度课程评价报告；⑥外部成员的详细意见（如果他们不能参加评价会议的话）；⑦学生手册和鼓励性文件；⑧SSLC 的年度报告，以及根据评价小组的判断抽选的部分 SSLC 文件和学生反馈文件、问卷以及对它们的分析；⑨课程详细介绍；⑩相关的学科标准陈述。

上述材料中，除了自评报告外，其他文件都是已经存档的材料，这样避免了因评价给系里带来过多的麻烦，影响其日常工作。自评报告的主要内容应包括：课程要求是否恰当，在多大程度上达到了预期的教学效果，课程教学中有没有采用现代技术，是否促进了学生的技能发展，课程结构和内容的改进效果如何，学生的学习效果和学习机会如何，以及系内对课程的检查和监督方法是否有效等方面。

评价小组组长和秘书对上述材料进行检查并通过之后，将召集系里师生召开评价会议，重点讨论和评价课程的效果以及优缺点，然后提出改进意见。最后，评价小组秘书将起草总结报告，提交给 AQSC，同时给系里一份，要求系里书面回应报告的结论和建议。系里的回应以及委员会针对有关问题的解决方案也须向 AQSC 汇报。

第二，课程年度评价主要由课程组组长负责组织和实施。课程组组长召集所有与该课程有关的教员以及部分学生开会，针对该课程各方面的反馈信息进行讨论。这些反馈信息主要来自学生反馈或问卷结果、考试结果、外部监考员报告、外部专业团体的学科认证报告、师生联合会的文件及年度报告、雇主或其他利益相关者的反馈等。同时这些材料将与上一年的课程年度评价报告以及课程详细介绍和外部质量管理委员会的相关标准陈述进行比较对照，以明确其进展与不足。会议结束之后，课程组组长将提交一份简单的评价报告，将本年度该课程的进展情况和来年的发展计划报告给系主任，由后者汇总交学院委员会讨论，并公布最佳课程实践和有待继续改进之处。

第三，学系年度评价。学院秘书根据学院所有课程的年度评价报告制作一份综合报告，明确学院内要解决的主要问题和需改进的领域，以及优秀实践案例等。这一报告将向大学质量保障委员会正式汇报。每一份课程年度评价报告随同其后续改进工作的记录都将在系里存档，以作为将来迎接其他评价之用。

（三）以质量改进为目标的高层质量管理模式

质量评价和保障的终极目标是提高和改进高校教育的质量。以国外某大学内部质量管理结构调整为例，我们可以发现，院校内部质量管理制度的改革和调整是以弱化高层具体质量管理方式为目标，以落实基层具体的质量评价和保障为方式，以强化质量改进理念为指导的路径选择。

例如，国外某大学在 21 世纪时进行新一轮的结构调整。这样的调整符合该大学自身的战略规划：

"我们进行结构调整的目的在于进一步加强大学层面的学术管理和领导力，使得高层的学术管理和执行团队能够和我们学院内具体制定学术规划发展的团队更加紧密地合作。比如我们原来是 6 个学院，现在是 12 个学院，这也就意味着原来只有 6 个学术管理者参与到我们大学的学术发展的研讨中，而现在参与人数增加到 12 人。这样一方面有更多的来自学院基层的学术管理者参与到大学高层的政策策略发展的讨论中来。另一方面，作为新的学院，我们也需要学校管理执行者参与到学院的管理中来，这样能够加强学院和大学层面在管理策略、发展方向上的协调。同时，这也是目前大学内部质量管理的普遍做法。我们这样的调整还因为很多教师、教授来自南安普敦或者其他学校，他们把这些学校质量管理的经验带来，为我校质量管理的理念带来了新的思考。"

该大学调整后的内部质量管理结构是一种典型的层级化管理结构，即从大学中心管理到学院管理再到系管理。质量管理模式首先自上而下进行政策指南的制定，在实施过程中遵循自下而上的报告提交和反馈。大学中心负责大学内部质量保障制度的框架设计和策略规划；基层学术组织则负责大学内部质量评价和管理的具体操作和实施；教师和学生都成为质量管理的参与者和实施者。学术权力最初的源头就来自于师生对学术的认同和质疑以及对质量的观照。而大学层面的学术办公室和教学委员会的责任在于汇总和收集质量信息，根据目前大学的发展情况来制定未来质量发展规划和战略。

第四节　高校教育质量评价体系构建的对策

面对高校教育质量的种种疑惑以及高校教育质量评价自身的种种问

题，我国高校教育质量评价正承受着比以往任何时候都要巨大的变革压力。它迫切需要高校教育理论研究者与实践工作者对这些疑惑与问题做出积极的、有效的、令人信服的回应——保证并持续提高高校教育质量，以持续保持对高校教育质量的影响力，创造且不断拓展自己的安身立命之所。那么，在实践中到底应该怎样来设计我们的路径呢？借鉴西方国家开展高校教育质量评价的先进经验和成熟模式，当前可以尝试从以下几个方面着手。

一、更新高校教育质量评价的理念

理念是指引个人思维和行为的价值观与信念。理念是抽象的概括，它不是具体的行为，但能指导行为，指导具体工作目标的制定。高校教育质量评价的理念是在教育评价本身发展规律思考的基础上，对教育评价活动本身的内在价值追求的结果。一旦形成先进的、科学的理念，将是一股引导教育发展与自身发展的巨大力量。目前，我国高校教育质量评价理念落后于评价实践发展的需要，因此，评价理念的更新是重构高校教育质量评价的关键。

（一）树立服务性的评价理念

传统的教育评价具有鉴定和管理的功能，由评价者依据一定的标准对被评价者的工作进行检查、监督，以判断其达成目的的程度，从而实现对教育活动实施监督与控制的目的。在这种评价思想的指导下，评者与被评者处于一种对立的地位，他们之间是控制与被控制、监督与被监督、管理与被管理的关系，从而造成了评价者拥有至高的权力，而被评者处于被动接受检查、等待评估的位置，因此，被评者参与评价的积极性不高，甚至惧怕和反对评价。第四代评价理论认为：评价应是评者与被评者之间民主协商、共同参与的过程，而非仅仅是评价者对被评价者进行价值判断、控制与监督的过程。因此，评价不仅具有判断与管理的功能，更重要的是具有服务与建设的功能。这就要求我们在高校教育质量评价的指导思想上，必须转变以往以监督控制性评价为主的理念，树立起以服务性评价为主的理念，发挥评价的建设性功能。这种服务性评价理念要求评价者在进行高校教育质量评价的时候，要以为被评者服务为宗旨，充分听取被评者的意见与建议，与其建立协商型的伙伴关系，使被评者自觉配合和主动参与评价，通过科学、客观的评价来为被评者提供准确的反馈信息和可行性建议，以帮助其不断改进工作，实现价值增值，从而大大提高评价体系的运行效率和效益；而不仅仅是以管理者的身份对高校进行自上而下质量检查式的评价。同时，服务性评价还要求评价主体实施评价活动时，应尽量站在被评者的立场考虑，通过评价帮助他们改进工作而不是用频繁的检查控制式评价增加他们的工作负担。

（二）树立适应性的评价理念

高校教育进入大众化阶段，呈现出一种多样化的发展态势，其表现为办学主体多样化、办学形式多样化、办学层次多样化和培养目标多样化。它适应了社会对不同层次、不同规格和不同类型的人才的要求，正在逐步成为大众的文化场所和学习场所，不断为整个社会创造新的知识和提供受过高等教育的劳动者，为社会创新注入活力。显然，此时对高校教育质量的评价再继续沿用传统的精英教育的知识质量观（学术质量观）是行不通的，而要"考虑多样性和避免用同一个尺寸来衡量高校教育的质量"。因此，我们在评价高校教育质量时，必须树立适应性的评价理念，以适应性作为不同层次、不同类型、不同地区高校评价的基本要素，而不能抽象、笼统地划分一个标准去评价不同的大学。比如，对自筹经费的大学，只要培养了适应市场需求的专业人才，人才的素质和能力在社会上得到了认可，就可以承认它的教育质量。但需特别指出的是，这种适应并非无视高校教育的自身规律，一味地迎合外部社会需求而失去了高校教育的主体地位，而应该是在外部需求与自身规律之间寻求到最佳契合点。唯有如此，才能在不失高校教育质量的长远追求中，又顾及外部社会的短期质量目标要求。这也体现了高校教育质量一般评价标准应与一定社会对人才需求相一致的质量取向。纵观高校教育发展的各个历史阶段：从注重博雅学识到注重专业基础知识，从注重实践能力到注重全面素质的高校教育质量评价取向的变迁轨迹，均清晰地显示了适应性原则在高校教育实践中的体现。

（三）树立发展性的评价理念

发展性教育评价在 20 世纪 80 年代兴起于外国，是一种与传统的奖惩性教育评价不同的新型评价理念。发展性教育评价以发展为目的纬度，是一种依据目标、重视过程、及时反馈、促进发展的形成性评价。发展性教育评价的特点是：在教育评价方式上，发展性教育评价不仅注重评价对象的工作表现，而且更重视评价对象的未来发展，重在使评价对象增值，是强调"立足现象，回顾过去，面向未来"的评价；在评价目标上，发展性教育评价更强调以促进被评者的发展为目的，是一种依据目标、重视过程、及时反馈、促进发展的形成性评价；在与评价对象的关系上，发展性教育评价重视提高评价对象的参与意识，发挥其积极性，双方建立合作型关系。发展性教育评价以评价对象为发展主体，通过系统地收集评价信息和进行分析，对评价者和评价对象双方的教育活动进行价值判断，实现评价者和评价对象协调发展的目标。

发展性教育评价理念的提出，改变了长期以来站在评价者立场考虑，重视对被评对象的教育效果进行鉴定和区分优劣的终结性评价占统治地位的局面，而以被评者的发展为主要目标，重视对被评者工作过程进行评价和及时反馈，以帮助被评价者改进工作，促进其发展。发展性评价可以促进评价者与被评者之间的良好交流与合作，树立被评者主体地位，提高它们参与评价的积极性和主动性，从而提高评价体系运行的效率和效益；发展性评价站在被评者立场考虑，更重视被评者自身的可持续发展，实现被评者自身价值的增值，是一种更重视评价效率与效益的评价；发展性教育评价更重视促进被评者有效改进工作，不仅满足目前发展需要，而且能够促进其未来的持续发展。所以，发展性教育评价是一种更先进的教育评价理念与指导思想，对指导我国高校教育质量评价体系的建构，提高该体系的运行效率和效益有极其重要的意义。

二、优化高校教育质量评价的指标

评价指标是开展教育评价的基础，也是评价活动的重要依据，它决定着评价活动的效果和效率。因此，要改进我国高校教育质量评价工作，真正发挥其功能，保障我国高校教育质量的持续改进和提高，我们还必须优化高校教育质量评价的指标，着力构建我国高校教育质量评价的指标体系。

（一）高校教育质量评价指标的优化价值

从评价学的观点来看，指标是一种具体的、可测量的、行为化的评价准则，是根据可测或可观察的要求而确定的评价内容。从本质上说，它是评价目标的细化和具体化。高校教育质量的评价目标是对高校教育质量进行价值判断，找出问题，提供反馈信息，促进高校教育质量的持续改进。高质量的高校教育标准是高度概括性的、抽象的，它涉及许多方面的目标，包括条件、过程和输出成果方面的高质量。因此，评价指标就必须把这些高度概括性、抽象性的目标细化成具体化的、可测量的、行为化的、可观测到的标准，以此作为评价的依据和准则。但由于每个指标只能反映某一方面的目标，不同的评价指标，在判断评价对象达到预定目标的程序中，所起的作用是不同的。为了使每项指标发挥其应有的作用，就必须赋予各评价指标以不同的权重。这就涉及指标的优化，即根据相关要求（如教育目标、人才培养质量等），运用一定的方法对指标体系中的各要素进行层级分解与权重设计。实践证明，一个设计科学合理而又简单易行的指标体系是成功进行教育评价的重要基础。如果指标体系设计不科学、不合理、烦琐且不可行，不仅不能提高评价体系的效率和效益，而且也得不到科学的评价结果。从这一意义来看，优化高校教育质量评价的指标不仅是必要的，而且是紧迫的。

（二）高校教育质量评价指标的优化策略

我们到底应该怎样来优化高校教育质量评价的指标体系呢？其主要可从以下三个方面着手。

一是要体现完备性。根据评估学原理，一个评估系统的指标体系所反映的广度和深度，应当包含或者覆盖评价对象的全部本质属性。高校教育是一项系统工程，其质量是由多种因素相互作用的结果，包含的属性范围极为宽广。因此，在设计和构建高校教育质量指标时，必须坚持全面的理念，根据高校教育质量的内涵和外延，全面设计指标体系。

二是要体现实用性。指标体系的完备性是我们追求的目标之一，但过于重视细枝末节则会导致评价信度的减低。因此，对高校教育质量的评估，应在保证评估目标能够得到充分体现的前提下力求简易，选取的评价指标要简明且易于操作，同时要有易于观察和收集的确切的数据来源，并最大限度地避免使用主观色彩过于浓厚的综合性指标。这样评估起来，收集信息方便，费时少，主评人员容易掌握，便于配合，误差较小，从而既能保证评估结果的可靠性，又能使评估体系达到简单、经济、实用的要求。

三是要体现针对性。不同类型的学校虽然可以分享共同的教育目的，但每所学校的具体使命、角色作用、关键的成功因素却不尽相同。学校是否明确自己的使命本身就是影响教育质量的一个重要因素，不同类型学校有区别的评价指标有利于引导学校正确把握学校使命。因此，我们在设计和优化高校教育质量评价指标时，还应针对不同层次、不同类型的高校，特别是不同学科、专业，制定适合国情的多样化的教育质量标准。在横向上，应该分别制定研究型、教学型、应用型大学的教育质量标准；在纵向上，也应该分别制定博士生、硕士生、本科生、专科生各自应达到的质量标准。

三、丰富高校教育质量评价的主体

高校教育的质量不仅关系到举办者、办学者的责任和利益，而且与社会、民众，特别是受教育者的利益也密切相关，这就决定了多种力量要求对高校教育质量进行评价。因此，要进一步推进高校教育质量评价的发展，还应丰富高校教育质量评价的主体，积极创建政府、学校和社会共同参与、联动协调的评价机制，使政府教育督导部门、社会中介教育评价机构和学校联合起来，围绕共同目标，从不同角度为高校教育质量提供客观、可信、有效的评价。

（一）政府评价主体的职能转变

教育是在特定的社会历史环境中所进行的一种特殊的社会活动，其面临着家长、学生、教师和社会舆论等诸多潜在冲突的要求。正因为教育要受到一定社会状况的制约，于是，对教育质量进行评价也自然成为社会公众与政府部门均普遍关心且自觉参与的社会活动。在计划经济时代，政府是高校教育资源的唯一投入者，也就成为唯一进行高校教育管理的权力主体，直接控制着高校教育质量评价的方方面面，承担着对高校教育的无限权力与无限责任。因而在传统的高校教育质量评价中，政府是唯一的评价主体，一切评价活动均以政府的价值观和利益需求为取向，重视对投入资源、办学条件的评价，忽视对高校教育产出以及绩效的评价，从而造成了责任机制的缺乏和效率的低下。随着高校教育管理体制、投入体制的不断改革，政府已不再是高校教育评价中唯一的权力中心，因此，理应转变职能，减少对高校教育质量评价的直接干预，而应使更有管理优势的社会与高校承担更多的责任。但是，政府职能的转变并非意味着政府对高校教育责任的放弃，政府只是从没完没了的琐碎小事所淹没的平原上撤退，进而在明朗的、可策略性"总揽全局"的制高点避难。政府的主要职责是通过制定高校教育质量评价政策、法规等，对评价机构的组成及其评价活动的实施加以规定、监控和调节，从而保证评价机构的权威性和评价活动的公正性。同时，政府及教育主管部门还要利用评价结果制定高校教育发展的有关规划，从总体上、宏观上调控把握高校教育的发展方向，控制高校教育的总体发展水平，并且通过某些其他方式促进高校教育质量不断地改善与提高，使其更符合国家的利益需要。

（二）自我评价主体的功能发挥

自评是指评价客体进行的自我评价，它是客体对象主体化的行为，是一种自觉主动的行为。自我评价是高校内部自行组织实施的评价，它是对教育活动进行自我调节和自我完善的重要手段，主要功能是优化教育过程。高校自我评价不仅是同行评价等外部评估的基础，而且是高校教育质量评价中"独立的校内评价过程"，是高校教育质量保障体系的重要组成部分，是高校教育评价的成功所系、生命所在。正如学者所指出的"只有给予自我评价以足够的重视，才会使教育评价的积极作用得到尽可能大的发挥",以实现评价的目的。但从当前我国高校教育质量评价的现状来看,真正意义上的高校自我评价制度并没建立起来。高校缺乏自评的积极性和主动性,其所进行的自评只不过是政府评价的一部分,是为政府评价收集信息的过程,具有某种强制性,容易出现形式主义、弄虚作假的现象。虽然部分高校内部也设有教学质量管理办公室或教学评估办公室,并定期开展评教评学等评估活动,这的确是一种进步,但还远远不够。由于这些高校开展的自评大部分都是阶段性、临时性、应急性、总结性的,而没有作为学校的经常性工作,当然也就没有开展形成性、日积月累的自评工作,这也是当前高校自评耗费大量人力、物力、财力,却造成评估、教学颠倒的直接原因。要改善这种现状,就必须改变政府控制下的以为政府评价提供信息为目的的高校自评模式,由高校自主地自下而上建立起自我发展、自我约束的高校教育质量内部评价体系。

(三)社会评价主体的积极介入

对于教育的社会评价,《教育评价辞典》中的界定是:"社会评价是由具有一定权威的社会团体不受任何教育主管部门委托,独立地对教育活动进行的评价,是社会用人单位对学校培养学生适应社会需要程度进行的评价。"还有学者认为:"教育的社会评价是以教育系统外部的社会力量为主体,从社会发展和人民群众需要的角度,对教育行为或现象进行价值判断的活动。"一般来说,高校教育的社会评价主体包括各学术团体、专业协会、专门的社会评价中介机构、私人团体、毕业生雇主、新闻媒体等,他们代表了广大社会各利益集团的利益,是高校教育的主要利益相关者。在我国高校教育评价由单一评价主体向多元评价主体转化的过程中,高校教育评价除了由政府评价和学校自我评价外,还需要一种站在"公众"的角度,真正按"公允"的价值标准对高校教育进行公正评价。因此,在高校教育质量评价体系中,必须重视充分发挥由非政府的社会团体、民间组织以及公民个人参与高校教育质量评价的权利,并且促使他们更加有效地履行其应承担的责任和职能,即需要社会评价主体的积极参与和介入。正是基于这样的认识,教育部明确提出:

要进一步转变政府职能，建立评价中介机构，成立具有独立法人的"教育部高校教育评估中心"，不断提高评估工作的专业化和科学化水平，并且建立起社会评估中介机构的资质认证制度。高校教育教学评估中心可以带动地方政府、教育行政部门建立相应的评估监控制度和组织机构，促进高校建立自我发展、自我约束的内部质量保障机制，积极引导和培育社会评估中介机构，形成由国家控制、评估机构评估、高校自我评估和社会监督共同组成的完整的教育质量保障体制。

四、完善高校教育质量评价的方法

高校教育质量评价的方法很多，但没有哪一种评价方法和手段是绝对优异的，它们都有各自的适应范围，只有将多种方法结合起来，发挥各自的优势和作用，才能从不同的侧面反映实际状况，增强评价的准确性。因此，在评价高校教育质量时，还应使用综合化的评价方法。具体来说，就是要实现"四个相结合"。

（一）定量评价与定性评价相结合

定量评价是采用数学的方法，收集和处理数据资料，对评价对象做出定量结果的价值判断。如运用教育测量与统计的方法、模糊数学的方法等，对评价对象的特性用数值进行描述和判断。定量评价强调数量计算，以教育测量为基础，具有客观化、标准化、精确化、量化、简便化等鲜明的特征，并在一定程度上满足了以选拔、甄别为主要目的的教育需求。定性评价是根据评价者对评价对象平时的表现、现实和状态或文献资料的观察和分析，直接对评价对象做出定性结论的价值判断。如评出等级、写出评语等。定性评价是利用专家的知识、经验和判断进行评审和比较的评价方法。定性评价强调观察、分析、归纳与描述。高校教育质量的构成要素（如规格、效益、特色等），既有确定性又有不确定性，这就要求对高校教育质量所实施的评价与控制必须遵循定量与定性相结合的原则，凡是能够用一定数量确定的，应尽量给出定量要求，而对一些抽象层次高、找不到典型价值事实的评价对象，则应以定性评价为主。如评价标准中的办学理念、办学特色等，无法进行量化评价，只能采取定性分析。唯有如此才有可能做到评价与控制的客观、公正和全面。

（二）单项评价与综合评价相结合

单项评价是对评价对象在某一方面的评价，或者指评价对象在某一时间范围内的工作评价。单项评价不仅能为改进某一方面的工作提供依据，而且能为被评价者提供今后工作努力的方向。缺少单项评价会导致综合评价结论的表面化和简单化，因此单项评价是综合评价的一个重要组成部分。综合评价是用动态的、发展的眼光，对评价对象工作的各个环节进行系统的、全程的、较长时期的、循环反复的评价。综合评价不是单项评价的累加，而是对被评价者全方位的、多角度的综合各种因素的系统评价。没有综合评价，就无法全面了解评价对象的工作表现，无法把握评价对象的发展倾向和发展需求，也无法修正评价过程中由晕轮效应、趋同效应等引起的各种偏差。高校教育本身是一个多边系统，而这些系统又有相对独立性，质量评价需要与各层次的教育活动同步进行，以判断各层次、各方面的效果，从而改进各层次、各方面的工作。因此，实施高校教育质量评价，必须坚持单项评价与综合评价相结合，这也是教育评价的一项基本方法。

（三）自我评价与外部评价相结合

高校教育质量是高校永恒的主题，因此，建立自我评价制度理应成为高校的自觉要求，成为院校建设中不可或缺的重要一环。自我评价固然重要，但由于受自身条件和各种因素的影响与限制，自我评价机制也存在一定的局限性，其评价结论的客观性、可信性和有效性难以得到保障。而外部评价与自我评价相比，其起点更高、视野更宽，更具客观性、权威性，对院校的宏观指导战略意义更大。因此，评价高校教育质量，还必须将外部评价与自我评价相结合，并使二者相互融合与促进，如此才能使评价的过程与结果更真实、更科学。一般来说，在高校教育质量评价中，应先由学校进行内部自我评价，然后外部评价机构根据自评报告对学校进行检查或指导，这样既可以让学校展示其优劣点，又能节省时间，符合我国教育评价高效率的要求。同时，学校成为评价主体之一，参与评价的积极性也必将得到进一步加强。

（四）静态评价与动态评价相结合

静态的认可性评价的重点在于高校现在达到的实际水平，判断其是否符合一定的质量标准，并据此予以认可。认可性评价较重视评价的统一性，其标准多为静态标准，即针对稳定的教育任务，依据既定的教育目标而编制的评价标准，目的是考核教育任务完成的程度和水平，且是相对稳定的。动态的发展性评价则更注重从改革和发展的角度对高校在改革中表现出来的活力——适应能力和创新能力进行动态评价。发展性评价重视评价标准的变化、多样化以及高校的办学特色。因为从动态和改革的观点评价高校教育的发展，必须允许甚至应当提倡各所高校制定自己的特色评价标准，或者评价者针对不同的高校制定不同的发展性评价标准。对高校教育而言，其质量保障和质量提升是一项复杂的系统工程，不是一蹴而就可以完成的，也不是一劳永逸可以实现的。仅仅依靠静态评价不能反映整个发展过程，也无法把握其发展方向。因此，在对高校教育质量的评价中，必须坚持静态评价与动态评价相结合，但要以动态评价为主。

五、健全高校教育质量评价的制度

制度和机制带有根本性、全局性、稳定性和长期性的特点，任何一项工作的深入开展，都必须依赖于制度和机制的建立与完善。当前，在高校教育评价实践中，还存在严肃性、规范性不强的突出问题，部分影响了评价的信度和效度。为此，我们还需要进一步健全高校教育质量评价的相关制度和机制，切实增强高校教育质量评价的科学性和有效性。

（一）健全高校教育质量评价的文本制度

法律保障的特点在于，它以国家权力作为后盾，具有最高的权威性和最大的强制力。因而，立法建设对质量评价和质量保障具有重要意义。从国际情况看，许多发达国家都把高校教育评估作为一项重要的制度，国家的法律条文和制度明确规定了评估的依据、目的、标准、机构、组织、程序、结果及其使用、评估专业人员、评估有效期限、评估仲裁、评估费用来源等。目前我们应依据《教育法》《高等教育法》《教师法》以及我国高校教育的战略目标、方针、政策等，借鉴和吸收其他国家质量评价和质量保障的法治经验，结合我国高校教育质量评价和质量保障的理论和实践，进一步完善高校教育质量评价的各种文本制度，从法律上建立具有中国特色的高校教育质量保障机制。从法规体系构建的合理化视角看，我国高校教育评估法规体系建设的基本思路应该是：由全国人大制定颁布适用于各教育领域的教育评估法；国务院在此基础上制定适用于高教领域的高校教育评估条例；国家教育行政部门统一制定地方各级高校教育评估规程；地方各级人大、政府及教育主管部门制定高校教育评估规程细则，依据国家制定的各级评估规程的统一要求，确立本区域相应的高校教育评估政策法规。此外，各级教育评估部门可以制定其他有关的高校教育评估工作规章，工作规章并非属于法律规范的范畴，但是可以依据上位法的立法精神对高校教育评估中的具体问题做出补充性的规定和说明。

（二）健全高校教育质量评价的保障制度

任何一项工作，要想朝着既定目标健康发展、有效运作，都需要有良好的保障机制，高校教育质量评价更是如此。因此，我们在实施高校教育质量评价时，还应通过健全保障机制，把内部保障和外部保障有机结合起来，为评价工作的深入开展提供坚实的保障基础。一方面，政府及教育主管部门应充分发挥外部保障的主导作用，通过人财物方面的条件支持、制度性的项目支持等，来推进高校教育质量自我评价体系的建立。如政府可对建立了自我评价体系的高校进行鉴定，凡是通过了鉴定的高校不仅可以获得政府的经费资助，而且还可以享有较大的办学自主权。另一方面，社会及相关部门也可以从社会资金的资助、就业资格或生源等方面来促进和保障高校教育质量评价。同时，高校及教师也应充分发挥主动性，在学校内部营造一种学者团体的自律文化，使其能自觉地参加自我评价，进行自我保障，通过这样一种不断自省的方式来建立学术组织的规范，维护学术的高深性、学位的荣誉以及学术组织的纯洁性。这就要求我们要充分发挥各级学术委员会或教授委员会的重要作用，尤其是要发挥系一级学术机构，如系一级的教授委员会或者学术委员会的作用，依靠他们建立起高校教育质量系一级的内部质量评价机制。另外，在学校内部成立强有力的行政管理部门也是推进自我评价体系建立的一种有效措施。如果有了这样一个强烈的意识，并且建立了一些明确的规章制度，就能为建立自我评价机制创建一个良好的实施环境。

（三）健全高校教育质量评价的评价制度

评价活动本身的质量如何，是否能够真实、公正地反映被评对象的客观情况，切实有效地发挥导向、激励、诊断、中介、提升等功能，还需要进一步地考察与评价。这种评价就是对所进行的评价活动进行的后续评价，也就是对评价的评价，也被称为再评价或元评价。再评价对监督与制约评价主体的行为、提高评价结果的客观性、消除评价中的误差、改善高校教育质量评价工作、总结经验与不足、提高评价体系的运行效率和效益都有十分重要的作用。国外高校教育质量评价的实践经验也证明，再评价在保障高校教育质量评价的质量，提高评价的信度和效度方面发挥了极其重要的作用。为此，我们还应高度重视再评价制度的建立和完善，并把它作为保障评价活动质量，提高评价体系运行效率和效益的一个重要手段，在实际工作中加强建设，使评估成为保障和提升高校教育质量的重要手段。

第六章　高校教育质量评价方法

第一节　管理质量评价方法

一、管理质量评价研究的内容

教师是高深知识传承和创新的主体，是学术研究和提供社会服务的重要力量。绩效管理是既注重个人绩效提升又注重组织绩效提升的管理方式，教师绩效的整体提升对于高校绩效的提升起着至关重要的作用。财务管理的高绩效对于一所高校的发展也至关重要，因此，财务管理历来是组织绩效研究的核心环节。

此外，绩效管理是绩效评价的改进和升华，财务评价本身就是绩效评价的核心环节，在绩效管理领域，财务管理也始终是高校管理者和研究者关注的热点话题，因而，注重对高校财务绩效管理的研究是传统研究的惯性使然。同时，高校的行政部门拥有计划、指导、外联、服务和协调等重要职能，对于高校的资源拥有较大的处置权，因而，高校行政部门绩效的提高对于高校组织发展的影响也是学界较为关注的方面。

在高校绩效管理研究发展的总趋势中，以下几个方面的内容将会表现得更为突出：①基础理论研究将会受到更多的重视。基础理论研究的受重视程度以及研究成果的数量和质量，直接反映着一个研究领域的成熟与否。目前我国高校绩效管理无论是理念还是方法都处于借鉴阶段。随着高校绩效管理理论和实践研究的进一步发展，脱离高校实际的基础理论就会显现出不足，因为它不能很好地回答高校绩效管理中存在的诸多问题。可喜的是，根据第一部分研究阶段的划分，我国高校绩效管理的研究目前已经逐渐从起步阶段向理论总结阶段过渡，今后将会有更多的学者从高校的实际入手，从基础理论层面去丰富高校绩效管理研究的内涵，并从宏观层面去建构高校绩效管理的路径选择。②高校战略性绩效管理将会成为研究的热点。伴随着知识经济时代的端倪初露和日渐发展，以及新科技革命进一步迅猛发展并深入推进，科学技术将日益成为一个组织发展的决定性因素。较之于有形资产，无形资产日益受到了组织的重视并在组织的发展中发挥着重要的作用。人类面临的是一个竞争日趋激烈、复杂多变的新时代，对于被认为是计划经济最后一块阵地的我国高校来说，包括政治环境、经济环境、科技环境和文化环境等在内的外在环境已经发生了巨大的变化，高校发展环境的不确定性日益增大。目前，我国高校教育机制和运行机制处在不断变革和完善的过程中。③研究主体将会趋于多元化并逐渐稳定，高校绩效管理的研究主体将会更加多元。

二、管理质量评价的方法

高校行政管理绩效评价的方法有很多，其中数据包络分析模型、模糊综合评价法及平衡记分卡法得到了较为广泛的应用。

DEA 方法本质上属于线性规划，它适合多投入多产出的情况，无须建立严格的变量函数关系，也不用对数据进行无量纲化处理和人为设置权重，因其简单、方便而得到大量应用。而 SFA 方法要求产出变量只有 1 个，不适用于产出变量为多个的科研效率评价。DEA 方法一经出现就以其独有的优势和普遍的适用性受到人们关注，不论在理论研究还是在实际应用方面都得到迅猛发展，各种新模型推陈出新、层出不穷，但应用最广泛的还是 C^2R 模型和 BC^2 模型，主要用来测算技术效率（TE）、纯技术效率（PTE）和规模效率（SE）。

模糊综合评价方法（FCU）可以用来对高校教育信息资源管理绩效进行定性、定量相结合的综合评价，它采用数字特征将模糊因素清晰化，运算处理及判断过程简便，结论统一，可信度高，能全面、逼真地反映高校教育信息资源管理的绩效。这一方法的推广应用，将使高校教育信息资源管理绩效评价更加科学客观。

平衡记分卡，简称 BSC（balanced score card），是诺朗顿研究院的执行长诺顿与哈佛大学教授卡普兰在 1992 年提出的一种财务指标和三个非财务指标（顾客、内部流程、学习与成长）相结合，评价企业战略经营业绩的策略性绩效评价体系。把平衡记分卡与预算管理相结合，对学校预算管理方面显示良好成效。关键绩效指标 KPI 体系以企业现状及远景、战略规划为基础，把目标从企业最高层逐级向下层细化、分解，找出评价企业关键绩效的评价依据和关键指标，并进行量化，建立可评价部门及个人绩效的指标体系。借助层次分析法对专家选取的关键指标设定不同的权重，从而实现学校预算管理的绩效评价。

BSC 围绕企业的战略目标，强调将企业的宏观战略与绩效管理有机地结合，从财务、顾客、内部流程、学习与成长等四个维度入手，根据企业生命周期不同阶段的实际情况和所采取的战略，为每一个维度设计适当的评价指标，赋予相应的权重，形成一套完整的业绩评价指标体系。其中，财务指标是核心，顾客指标为视角，内部流程指标体现过程、决策和行动，学习与成长则关注企业未来成功的基础。

第二节　教学质量评价方法

一、教学质量评价概述

教学质量是在一定的人文关怀条件下，教师传授知识与培养能力的一种效率体现。其中，人文关怀是高校教师提高教学质量的前提，是保证学生具有良好心理品质的基础。知识传授是教学质量的核心，主要包括基础知识传授和扩展知识传授，基础知识传授是保证教育质量的根本，强调学生对这部分知识的扎实理解和掌握；扩展知识传授是保证教学质量的关键，强调知识面的拓宽。能力培养是教学质量的升华。学校教学质量评价是学校教育质量管理活动的重要一环，其最终目的是通过评价来改进学校教育教学质量，以确保教学满足学生全面、和谐的发展需求。教学质量评价应包括两大方面，学校教学质量评价的重点应放在对施教者的评价上，因为教育教学是学校的职责，也是教师的职责，学校的中心工作是教育教学，因而"教"和"育"的质量才应是评价的主要内容，而对"学"和"得"的评价，只是通过评价来了解"教"和"育"的不足，从而不断改进"教"和"育"的质量。本部分将评价对象放在对施教者教学质量的评价上，下一部分将探讨学生的学习质量问题。

目前有关教学质量的评价存在许多问题：①对教学质量评价的意义缺乏正确认识。有些高校开展教学质量评价时，以奖惩为目的，采用的是总结性评价，关注的是总结性的评价结果，教学管理部门常常将评价结果直接用于教师的人事管理。②教学质量评价的组织缺乏规范性。多数高校都建立了一套教学质量评价制度，如干部教师听课制度、教学检查制度、督导制度、学生评价制度等，但目前对教学质量评价的组织中仍存在一些不合理的地方。③教学质量评价的指标缺乏合理性。高校教学质量评价多采用固定化、程式化的指标来衡量充满个性和特色的教学活动，这样的指标虽然具有规范统一、操作简便、容易比较的优点，但是很难准确地反映各学科和专业特点；同时，制定一个统一的指标让大家去遵循，其结果只能是使大家机械地以评价指标为导向，限制了教师教学自主性的发挥，不利于教师教学风格的形成；再加上评价人员来自各个专业，会出现在对非专业的教学进行评价时，仅凭感觉和印象打分的现象，从而使评价的可信度降低，使评价结果不能准确地反映教师的实际教学水平和质量。④教学质量评价的主体缺乏广泛参与性。有些高校认为学生既是教师教学工作的直接受益者，又是其教学成效最深切的感受者，对教师的教学质量最有发言权，因此视学生为唯一的评价者。⑤教学质量评价的结果缺乏反馈和沟通。通过实施教学质量评价，教学管理部门能及时、准确地了解课堂教学情况，找出存在的问题和不足，并针对存在的问题和不足采取改进措施，从而有效地保障并提高课堂教学质量。

针对这些问题，首先应对教学质量评价进行根本的改变，集中体现在：①教学质量评价对象。由侧重学生转向侧重教师。受传统教育观的影响，我们对教师和学生往往采取双重标准，即在教育教学中，以教师为中心，以"教"为中心；而在教学质量评价中，重点对象却是学生和学生的学习，而不是教师的施教质量。因此，我们应该转变观念，实现评价对象由学生为主向以教师为主的转变。②教学质量评价重点。由侧重结果转向侧重过程。学校教育教学质量的评价除了要实现评价对象由学生为主转向教师为主外，还要实现由侧重结果转向侧重过程。教育是一个十分复杂的过程，只有控制好过程，才能有好的结果。教育教学质量评价应把重心放在对施教和受教过程质量的评价上，而不是把重心放在对结果的评价上。除此之外，还应从根本上改变来自教师评价、培养方案和学生评价三方面的偏差，其中教师评价偏差主要表现为：过分强调教师管理，忽略教学发展；强调教师的服务作用，忽略教师的引导作用；强调教师的决定性作用，忽视教师的促进性作用。培养方案出现偏差时有两种主要表现：追随潮流，忽视质量个性与特色；重视制定过程，忽视落实过程。学生评价出现偏差时有两种主要表现：抑制学生的积极性，降低学生学习的效果与质量；抑制教师的能动性，降低教师教学的效果与质量。大学教育教学质量主要由教师的质量与学生的质量构成；而教师的教学质量在很大程度上建立在学生的学习质量之上，即学生的学习质量决定教师的教学质量。大学教学质量管理，无论在哪个层面与哪个环节，也无论采用什么方式，其主要目标都是提高教师的教学质量与学生的学习质量。一切认识偏差与实践偏差，都可能使大学教学质量管理偏离目标。因此，要想保障大学教学质量，就必须预防并消除此三种偏差。

对高校教学质量的相关偏差进行修正：①试题梯度修正。与教学认真、严格评价（考试）的教师相比，考试给学生划定范围的教师更受学生的喜爱，学生评价甚至会超过前者很多。如果简单地使用学生的评价结果，直接通过学生评价对教师进行教学效果评价，就会出现很大的偏差。试题梯度是反映试题质量的重要指标，缩小复习范围、划定考试范围的试题肯定没有梯度或梯度超过正常值。通过试题梯度可以有效修正及缩小复习范围、划定考试范围等不利于学生成长的教学错误倾向。②分布偏差修正。学生的考试成绩好，教师的教学效果是不是真的好呢？当然不能一概而论。因为学生的成绩与试题难度等诸多因素有直接的关联，如果成绩普遍高，偏离了正态分布，就一定是虚高，因为真正教学效果好，学生成绩一定符合正态分布。因此，通过学生成绩分布与正态分布的偏差可以修正成绩虚高造成的教学效果好的假象。③学术成就修正。科研促进教学，高质量的教学需要甚至依赖科研的支撑，通过科研可以了解学科发展的动态，站在学术前沿，把最新的学术成果融入教学之中；反之，只能是照本宣科。而考查科研实践和成果的直接观测点就是学术成就，因此，评价量规融入学术成就因素可以更恰当地反映被评价人的教学对学生成长所起到的作用强弱。作为院（系）或同阶群体间的评价，经过这样修正之后，其信度和效度就可以显著提高，基本上能够反映出该院（系）或该群体教师的教学质量水平及其个体差异。④专家委员会修正。把各院（系）或各群体的评价结果直接作为全校教师的教学评价结果显然欠妥，还要有一个全校性的包括各院（系）教学负责人以及教务管理、质量管理、教育科研、招生就业等相关处（室）负责人在内的专家评价委员会，对院（系）或群体的评价结果进行最后修正，这样才能使评价在全校范围内更接近真实与公平。

二、教学质量评价内容

施教者教育教学质量的评价应包括下述八个方面：①施教者的教育理念。教育理念是人们对整个教育和教育现象的理性认识、理想追求及其所形成的观念体系。施教者所持有的教育理念是指导教育教学的灵魂，是教育教学的指导思想，它始终控制着施教者的教育行为。对施教者的教学质量评价首先要评价其持有的教育理念。②教育教学依据的掌握。教育教学依据是教育教学活动的出发点和根据。具体包括：施教者的教育教学理论、法律法规、管理制度、教育方针、教育标准、教学计划、教学大纲的理解与掌握程度，以及对学生个体差异情况的了解程度等。③教育教学内容的把握。包括如何选择与鉴别教育教学资源、如何科学而系统地组织教育教学资源、如何突出教育教学中的重点与难点、如何贯彻教育教学的基本原则等。④教育教学艺术的运用。在教育教学中施教者综合运用教育教学的技能与技巧，其含义有三：一是在教育教学过程中施教者对普遍的教育教学原理、原则、方法、技能技巧的创造性运用；二是在教育教学过程中遵循教学原理和规律、贯彻教育原则而进行的创造性的教育教学活动，使教育教学具有形象性和情感性，给学生以美的享受；三是在教育教学过程中体现施教者个性而独具特色的艺术创造活动，包括施教者运用语言、肢体、表情，融语言表达（包括形体语言表达）为一体，运用自己的知识和管理才能去激发学生的兴趣、好奇心、求知欲，以满足学生的发展需求。⑤教育教学结构的设计。教育教学结构是指教育教学的组织结构形式和具体的安排、实施过程，特别是教育教学的课堂结构形式。具体包括教育教学环节设计、时间分配；课堂教育教学新旧内容的衔接；施教者与学生的互动情况；课堂教学效率、理论与实践的结合程度等。⑥教育教学方法的采用。教育教学方法是指施教者在教育教学工作中采用的方式、措施以及使用的工具与手段，具体包括形式是否活泼多样，方法是否得当得体，是否贯彻了"教有法但无定法"等原则；是否注意到了个体差异，是否充分调动了学生的积极性；教与学的关系处理得是否合理，是否突出了"过程方法"，组织教育教学是否自然和谐；采用的现代教育技术手段和工具是否得当、有效等。⑦教育教学管理能力。教育教学管理能力是指施教者运用管理学理论知识解决和处理教育教学中出现的问题的能力，以及处理突发事件的能力和应变能力。如何实现对教育教学的有效管理，特别是对课堂的驾驭与管理，是施教者管理能力的集中体现。具体体现为能否通过教育教学管理为学生的成长与发展提供良好健康的环境。⑧教育教学总体效果。教育教学的总体效果是指通过具体的教育教学活动和管理工作所达到的预期目标、整体水平。这里包括两层含义：一是施教者的教育教学实效，即在"教育服务"中所达到的预期目标和整体水平；二是学生通过施教者的教育教学和管理工作，即接受"教育服务"后所收到的效果和满意程度。因此，对教育教学总体效果的评价应该包括三个指标：一是施教者的教育教学和管理过程的效果；二是学生的综合素质发展水平；三是学生对施教者教育教学工作（教育服务）的满意程度。

在新型教育质量理念的影响下，应倡导教育质量多维评价法。该方法更关注学生探索知识的能力、实际运用知识的能力及综合素质的提高，这是多维评价体系的内涵所在。依据影响教育教学质量的因素，教学质量多维评价体系包含下列要素：①多维的教学质量评价内容。在教学质量的评价内容上，要改变以知识点为评价内容的一维评价，确定与多样化的人才培养目标相适应的多维评价内容，根据不同的人才培养目标构建相应的评价指标。②多维的教学质量评价主体。评价教师的教学质量时，改变过去单纯由教学管理者进行评价的方式，充分考虑学生是教学活动的主体，对教育教学质量最具发言权，同时结合同行专家、教育管理者及教师本人的评价，使教学质量评价科学客观、真实有效。③多维的教学质量评价方法。评价教师的教学质量时，除采取常用的教学质量评价方法以外，选择"我心中最满意的教师"、教师讲课比赛、课堂教学质量问卷等方法，全面、客观、准确地评价教师的教学质量和教学能力。

三、教学质量评价方法

高校教学质量的评价方法主要有层次分析法、模糊层次法、神经网络法、数据包络分析法、SPA 法及因子分析法等。

（一）层次分析法

层次分析法是一种简便、灵活而实用的解决多准则决策问题的方法。它将模糊或复杂的决策问题分解成若干组成因素，将各因素按支配关系形成层次结构，逐层比较相关因素，检验比较结果的合理性，确定各因素的权重。它为解决那些无结构的、难以定量描述的决策问题带来了极大的方便。层次分析法广泛应用于企业管理、经济计划、教育管理和资源分配等领域。层次分析法的关键环节是建立判断矩阵，判断矩阵是否合理、科学将直接影响其应用效果。构建指标判断矩阵是层次分析法的关键步骤。为了减少主观因素的影响，对教学质量评价指标两两进行比较，构建判断矩阵 A，矩阵 A 中元素值表示评价指标对于教学质量评价结果的相对重要性程度，本文采用教学主管部门和熟悉课堂教学质量评价的专家共同打分确定。根据评价因素指标矩阵，首先可以通过 $AW = \lambda_{max} W$ 求得 W，然后进行归一化处理，得到相应指标对于上一层次相对重要性权值，最后对判断矩阵进行一致性检验。计算同一层次对教学质量总评价结果的相对重要性，得到综合权重，然后从高层到低层对判断矩阵一致性进行检验。最后根据教学质量评价指标的权重对评价指标进行排序。但层次分析法在应用中也有几点不足：一是判断矩阵的一致性与人类思维的一致性有差异；二是检验判断矩阵的一致性比较困难；三是当判断矩阵不具有一致性时，再要调整成一致性就会比较麻烦；四是检验判断矩阵一致性的标准（CR＜0. 1）缺乏科学依据。

（二）模糊层次法

利用模糊层次分析法进行教学质量评价，就是将教学质量评价指标的模糊概念定量化，然后通过层次分析法来确定指标的模糊权重，构造模糊评价判断矩阵进行定量评判，计算出各评价指标的标准值，再通过教学质量评价模型，运用多级综合评价法，从下而上，经逆向推算进行综合加权，从而得到各参评教师教学质量评价结果。在进行教学参评指标状态量化评价过程中，能够充分保证数据的全面性、客观性和有效性。其过程一般包括建立重要程度的判断考查函数、构建判断矩阵、计算权值等步骤。利用模糊层次分析法进行教师教学质量评价，可以综合多位专家的经验知识，从而保证评价结果的客观、准确与公正。本文根据统计数据对教学质量进行模糊等级划分，并建立了教学质量评价的模糊隶属度函数。对因素的权值采用了综合赋权的方法，从而可以根据实际情况，充分考虑各评价指标的客观属性，具有较好的操作性和实用性。从评价过程可以看出，教师要想提高教学等级，必须提高教学效果，使学生能够真正掌握教师所教授的知识，有效地提高学生的素质和能力。

模糊层次分析法可以克服层次分析法的不足，是一种比层次分析法更科学、简便的方法。层次分析法的优点是在判断目标（因素）结构复杂且缺乏必要的数据情况下，能把其他方法难以量化的评价因素通过两两比较加以量化，把复杂的评价因素构建成一目了然的层次性结构，能有效地确定多因素评价中各因素的相对重要程度，进而进行评价。但层次分析法在进行判断目标的总体评价时，缺乏一个统一的、具体的指标量化方法，因而在实际使用中，应该只采用它进行指标权重的分析，然后用其他方法进行指标值的量化和评价。这就需要将模糊层次分析法与模糊综合评判方法相结合，对高校教师教学质量进行评价，即先用模糊层次分析法计算各指标权重，然后用模糊数学中的综合评价方法进行综合评价。

（三）神经网络法

神经网络是由大量处理单元组成的非线性自适应动态系统，它具有学习能力、记忆能力、计算能力以及智能处理功能，在不同程度层次上模仿大脑的信息处理机理。它可用于预测、分类、模式识别和过程控制等各种数据处理场合。相对于传统的数据处理方法，它更适合处理模糊的、非线性的和模式特征不明确的问题。按照层次化的方法为待测对象建立评测指标体系，首先将顶级指标定义为总体，接着将总体细分为若干子项，如教学管理、教学态度、教学方法、教学内容、教学结构、教学能力和教学效果等七个一级指标，然后进行模糊变换处理，最终得到总体模糊评价。

（四）数据包络分析法

数据包络分析方法（简称 DEA）是评价决策单元相对有效性的非均一综合评价方法，正是由于教育过程是多输入—多输出过程，采用 DEA 方法对专业教师的教学质量进行综合评价具有重要的实践意义和可操作性。首先，可构建教师教学质量评价综合指标体系。教学过程受到教师、学生、授课环境等多个方面的影响和制约，实际运用中可从这三个方面构造评价的指标体系，接着对教学质量实体效益进行综合评价，然后对综合评价数据进行分析。

（五）SPA 法

SPA 法是 SPA 集对分析法的简称。其核心思想是把确定、不确定视作一个确定不确定系统，在这个系统中将确定性分为"同一"与"对立"两个方面，将不确定性称为"差异"，从同、异、反三个方面分析事物及其系统，集对分析方法思路简明，方法简便，易于操作。其基本概念是集对及其联系度，集对是具有联系的两个集合所组成的对子，集对分析的基本思路是：在所论问题背景下，对所论两个集合（集对）H（A，B）的特性展开分析，根据分析得到的特性，再得出这两个集合在哪些特征上统一，哪些特性上对立，其余特性上则既不统一又不对立，从而建立起相关的同、异、反的联系度表达式。

（六）因子分析法

因子分析法既能大大减少参与数据建模的指标个数，同时又不会造成信息的大量丢失，能够有效降低变量的维数，并能借助统计分析软件进行计算，而且操作上简单易行。其具体过程或步骤包括建立评价指标、进行评价、计算特征值与方差贡献率，然后得到公因子得分及综合评价得分。

第三节 学习质量评价方法

一、学习质量

学习质量评估与学期研究及学生满意度研究之间存在一定的区别。相关学情研究侧重于陈述大学生学习中存在的事实性状况，并就此提出一些关于教学层面需要改进的措施和意见，但是并没有就所发现的问题从高校教育质量层面进行深入反省和思考，或者从学校立场提出观点和对策，往往只是泛泛地谈及学校应该如何重视学生、引导学生，应该根据学生的表现来对学校的教育行为进行剖析、反思和问责。而学生的满意度评价主要反映的则是高校教育的外适质量和个适质量——高校对学生需求的满足程度，在具备其合理性和价值的同时，我们应当警觉的是，如果仅仅从学生满意度的角度来对高校的教育质量进行评估和诊断，有可能导致高校为提高学生的满意度，在满足学生合理需求的同时，迎合学生不合理的要求，降低学术标准和学业要求，忽视其内适质量的保障。

二、学习质量评价方法

（一）传统的评价方法

根据当前高校教学与管理的特点，并结合我国高校教育发展的要求，陈正德等从定量分析的角度讨论学生学习质量评价方法，并将学生学习质量评价划分为学生学习成绩评价和学生学习效果综合评价两方面，而且认为对学习质量的评价方法多以综合评价为主。

1. 学生学习成绩评价

从教学质量综合评价的角度研究学生的学习成绩，关心的是某个学生集合（例如班级）的学习成绩，其评价的对象是考试成绩。统计分析评价法是利用统计学中的基本概念和方法对学生成绩进行分析，可用统计分析方法对班级成绩进行评价。描述性评价方法是对运用数据资料计算其综合指标值，然后根据综合指标值对教育客观事物给予评价，一般包括平均数评价、标准差评价和标准分数评价。推断性评价方法是根据样本的数据资料来推断和评价总体的性质，通常有差异分析、相关分析等方法。具体来说，就是应用统计假设检验的方法，检验客观事物之间的差异或联系是否出于偶然性，从而对客观事物做出合理的评价。

2．学生学习效果综合评价

学生学习效果综合评价在评价方法上采取指标体系评价方法，通常包括学生课堂学习情况综合评价指标体系和学生课程学习效果综合评价指标体系。学生课堂学习情况综合评价指标体系包括出勤率、课堂学习效果、自习情况、完成作业情况、相关知识学习、参加科学研究情况、考试成绩等七个指标。学生课程学习效果综合评价指标体系包括学习态度、学习方法、学习成绩、信息与计算能力、阅读能力、科研能力与创新能力、实践能力七个指标。指标加权平均法是目前最为常用的一种评价方法。该评价方法分四步：第一步，确定权重；第二步，计算每张问卷表的综合评价得分；第三步，计算每位教师的课堂教学综合评价得分；第四步，学习效果综合评价，其中又可分为三种评价方式，包括绝对评价（等级判断）、相对评价及动态评价。学生学习效果综合评价的难点是评价指标的设计和量化处理，特别是量化问题，如果量化方法不科学，评价结果的可靠性就差，而模糊综合评价法的使用，是在量化方法基础上的进一步探讨。在具体评价过程中涉及的评价指标很多，为了避免一些重要信息的丢失，同时考虑到评价指标体系的特点，其基本步骤包括以下方面：确定评价指标集，确定评语等级论域和模糊向量，建立模糊关系矩阵，确定评价因素的模糊权向量，进行模糊综合运算并合成模糊评价结果向量，对每位评价对象进行综合评价，对模糊评价结果向量进行分析。

（二）形成性评价

在新课程背景下，将过程性评价理念纳入学习质量评价已经得到了学界的逐步认同与逐渐推广，而基于形成性评价理念的增值评价方法也得到了一定程度的应用。对学生学习质量的评价不仅应关注最后的学习效果，还应关注学习的情态动机和策略过程。学习的过程也是反映学习质量的一个重要方面，因此，相对于终结性的或形成性的测验方式，过程性评价更关注动态的学习表现，有关学习方式等与学习质量有关的内容成为过程性评价的主要内容。在学生学习方式变化的整个过程中，研究者一方面可以通过过程性评价确认学生的学习方式，了解学生的学习结果和学习质量；另一方面应鼓励学生采用深层次的学习方式，如自主探究的学习方式等，进行深层次的学习，从而取得高水平的学习质量。另外，就反映学生智力发展的过程来看，对学生智能发展的过程性成果无法很好地得到反映也成为过程性评价关注的主要内容，具体来说，包括学习策略和学习方法。在学习过程中，以过程性评价作为交流的平台，通过学生之间的相互观察和提醒，可以促进他们不断自我反思，从而提高学生的学习策略和方法水平。与学科学习紧密相关而难以通过终结性评价衡量的智能因素，如口语表达能力、解决现实科学问题的能力、创新能力等，还有通过学科学习而达成的高层次学习目标，如数形结合的思想、正确的科学观等，这是考试测验不能完全考出来的。学业质量的过程性评价大体包括明确评价的内涵和标准、设计评价方案和工具、解释和利用反映学习质量的结果以及反思和改进评价方案等步骤。

(三) 增值评价

所谓"增值"（value-added），就是一定时期大学教育对学生成长和发展所带来的影响，增值评价即测量这种影响的程度。与传统的总结性评价、形成性评价相比，增值评价的显著特点在于它对学生学习起点、过程与结果的共同关注，它考量的是大学教育能够给学生带来的"增值"面有多广。增值越多，大学的教学质量就越高。增值评价主要有以下几种方法。

1. 直接测增值法

该方法主要通过测量和比较学生在两个不同的时间点上（如入学时

和毕业时）学生知识和能力的发展来评价大学对学生学习所产生的影响。两次测量之间的差异代表学生学习的增值，以此作为大学对学生成长的贡献度。直接法的优点是提供了一种直接测量大学学习成效的方法，测量结果可服务于多样化的目的，包括关于政策制定、大学自身的改进等。该方法还考虑到了学生入学时的差异，有利于不同类型的大学以此改进自身的评价模式和基准。但该方法也有一定的局限性，许多研究者认为，教学过程给学生带来的增值是多方面的、极为复杂的，不可能通过客观化的测试予以评价，即使有标准化的、全国认可的指标，也是片面的。此外，该方法虽然测量了大学给学生带来的增值，但没能指出大学教学评价改进的具体方法。

2. 间接测增值法

该方法不是直接去评价学生的学习结果，而是测量学生的学习行为、学习经历和教师的教学行为，以及大学在促进学生学习和学业成功方面的相关举措。通过这些中介变量的测量预测增值的结果。该方法一般采用调查法，以学生自我评价为主，调查内容涵盖了大学生就读期间几乎所有的学习行为，包括课程学习、与教师的互动、同学之间的交往、社团参与、如何利用教学条件和各种资源等。该方法的优点是为大学了解自身优势和劣势提供了有用的信息，有利于大学进行自我改进和完善，为大学做出相关决策提供依据，提高大学服务学生的质量，回应社会问责。但间接法不能测量学生实际的学习效果，尤其是学生自我评价的"能力发展"并不能替代客观测量法所测出的结果，还需要与其他类型的数据相互补充。此外，学生自我报告的准确性、可信度等还时常受到质疑。

3. 事后测增值法

该方法不是测量大学期间或毕业时的增值，而是测量学生工作一段时间后高校教育给学生实际工作带来的影响，从而对其大学学习期间的增值进行评价。如通过校友访谈，了解大学教育经历对他们工作和事业成功的影响；通过雇主访谈，了解学生是否具备了工作所需要的知识和技能等。该方法的优点是将人才培养与实际工作有效对接起来，充分考虑了大学教学成效滞后性的特点，避免了单从就读期间或毕业时进行增值判断的片面性，符合大学教学实际；缺点是由于时间长及其他因素的干扰，很难从中梳理出大学本身对学生产生的影响。此外，还涉及校友自我报告的准确性问题。

当前，增值评价面临的障碍主要来自文化和技术两个层面。在文化上，主要是大学对"学习评价"提法的抵触。大学组织的松散性、目标的多样化，教学对象的特殊性、教学成效的滞后性，大学教师工作的自主性、相对自由性等，都与明确目的性、系统性、高效性的评价文化有诸多冲突。因此，增值评价的深入开展还必须寻求评价文化与大学组织文化的契合点。在技术层面，增值评价的测量还面临着很多亟待解决的问题，如学生在大学就读期间的增值有很多维度，究竟应选取哪些关键维度来衡量增值？究竟如何收集质量信息？在测量方法上，尽管上面提到了直接法、间接法和事后法，但几种方法在具体的测试内容、操作和结果应用上还有待进一步完善，几种方法的综合运用、相互衔接还有待进一步探讨。增值评价还面临着如何平衡内部机构改进和外部问责两大目的，如何评价不同大学给学生带来的不同增值等问题。

（四）学习质量评价的 SOLO 法

1982 年澳大利亚教育心理学家彼格斯（John B. Biggs）和卡利斯（Kevin F. Collis）出版了《学习质量的评价——SOLO 分类》一书。SOLO 分类评价理论着重于对学生学习质量的评价。学生掌握知识点的多少只涉及教育评价中量的层面；以知识技能目标分类为标准的评价，关注的是学习内容本身的类型，不能反映学生认知过程的发展水平。针对此问题，彼格斯及其同事提出了全面的学习质量评价体系，它包括对学生学习表现的分析，了解学生达到教育目标和掌握知识、获得能力的状况，即从知识技能目标和学生认知发展过程两个维度对学习质量进行横向和纵向分析。SOLO 分类评价是在学生认知发展过程中，观察其对刺激问题的反应方式，从而发展起来的描述学生学习过程发展的一种模型。多年来，彼格斯及其同事进行了长期的研究和探索，并把 SOLO 分类评价理论付诸实践，在世界范围内取得了一定的影响。

SOLO 是英文"strueture of the observed learning outeome"的缩写，意为观察到的学习成果的结构。SOLO 分类汲取了皮亚杰的认知发展理论的合理因素，由皮亚杰对儿童认知发展阶段的关注，转向对儿童在问题反应中表现出的认知发展水平的关注。SOLO 分类的理论基础是结构主义学说，它用结构特征来解释学生反应，确定某种特定反应的层次水平，并将学生的学习结果划分为以下五种结构或五个层次，包括前结构反应、单一结构反应、多元结构反应、关联结构反应和扩展抽象结构反应。SOLO 对学习反应的结果进行分类，而不是对学生进行分类。在此基础上，研究者需依据 SOLO 分类来开发相关测试工具，其步骤有：①研究学科课程目标和 SOLO 分类的理论；②制定多维学科测试细目表；③命题；④预测；⑤分析预测的信度、难度、区分度；⑥修改、确定测试卷，SOLO 分类测试的结果分析。按照 SOLO 分类方法，预设的认知结构水平在测试工具的开发阶段已经完成，测试完成后，根据学生对测试问题表现出的实际反应，划分和确定学生认知的实际结构水平。以数学测试为例说明，首先以 SOLO 分类的各结构水平特征来确定题目的估计难度，测试完成后，统计测试中各题的实际难度，对估计难度与实际难度不一致的题目做出标记并进行分析，将造成不一致的原因简要列举在"说明"栏中。依据 SOLO 分类反映学生能力水平的差异和变化，比较有效的方法是在两个年级的测试题中，采用一些完全相同的题目（称为锚题），通过两个年级学生分别对同一问题的反应分析比较，推断出学生的能力发展变化情况。

总的来看，SOLO 水平是以材料的复杂性为尺度的，不仅定量地考查学习结果，而且关注学习质量。从前结构水平到扩展抽象结构水平，SOLO 分类法提供了一种依据递增的结构来测量学习质量的方法，它不是通过测试题目对学生进行分类，而是把不同的学生指向不同水平的再认知。

第四节　心理质量素质评价方法

一、大学生心理质量/素质

（一）大学生心理质量/素质的概念及基本特征

心理素质及其教育于 20 世纪 80 年代中期开始受到我国心理学界的关注。通过几十年的研究，心理素质及其教育现已成为教育心理学研究的重要领域，积累了大量关于心理素质及其教育的研究资料。已有研究表明：心理素质是学生素质结构中重要的组成部分，心理素质教育在整个素质教育中占据核心地位，是全面发展教育的重要内容和归宿。

首先，心理素质概念具有以下几层含义：①整体性。心理素质是心理品质的综合，有的认为是静态组合，有的认为是动态整合。②结构性。心理素质是按一定心理规则建构起来的组织结构。③基本性。心理素质是人内化了的、稳定和基本的心理品质。④差异性。心理素质反映人的各个方面、各个层次心理特征的个别差异。⑤交互性。心理素质是先天因素和后天努力交互作用的结果。

其次，心理素质结构具有以下几个特点：①多成分。心理素质由多种心理成分构成，既有认知成分，也有非认知成分；既有心理能力成分，也有心理健康和社会适应成分；既有情感和动力成分，也有自我成分。②多层次。心理素质由各个层次的心理成分构成，既有特质层次，也有行为习惯层次；既有品质层次，也有潜质层次。③结构与功能匹配。心理素质作为内隐的心理结构，也外显地展现在个体的心理健康功能、社会适应功能和创造发展功能的发挥过程中。

（二）大学生心理质量/素质的影响因素

1. 自身基质生物因素

人类个体的身心构成是由形成人的遗传密码的数量、质量和结构决定的。人的身心结构方式是形成个体心理素质的基质力量，它在诸多客观因素的作用下形成人的原型自我——心理定型。近年来研究较多的是，母亲怀孕时的情绪和分娩状况也会对子女后天的心理健康产生影响。当母体情绪出现波动时，自主神经系统激活内分泌腺，使其分泌的激素直接进入血液，使母体产生在正常情绪活动状态时不可发现的许多特征。同时，这些激素能通过脐带传递给胎儿，使胎儿也产生相应的情绪特征。追踪研究发现，母亲怀孕期间长期高度情绪不稳定，会导致胎儿自主活动水平高，出生后适应环境能力比其他儿童困难，且多有多动、贪吃、爱吐、哭闹和不安蠕动习惯，并且还有长期影响作用。另有研究表明，早产儿和分娩时缺氧的婴儿，更可能有情绪和智能上的问题。

男女两性的心理素质也存在差异。研究发现，在心理健康、人格、忍耐力、凝聚力和自我满意方面均存在性别差异，但在自尊心水平方面，男女差异无显著性，在焦虑敏感性方面，男女也不同。一般认为，焦虑主要与身体、社会和心理三方面因素有关，女性焦虑主要与身体因素有关，而男性主要与社会和心理因素有关。有学者发现，对于难以忍受的压力，女性比男性更喜欢表达出来。在愤怒的表达方式方面，男女也存在差异，女性更易选择讨论和表达的方式，且比男性的抑郁症状和神经官能症的发生率高；男性更易受孩童时代父母亲丧失的不利因素影响。

2. 家庭父母因素

家庭是孩子的第一所学校，父母是孩子的第一任教师。由于父母在早年的生活中是最有意义的社会支持者，因此父母的爱护和关心对他们整个一生在生活和心理学健康方面都具有十分重要的意义。孩子的智力开发，即观察注意能力、感知记忆能力、思维想象能力等是在家庭中开始的。与此相适应，其意向控制，如兴趣的浓淡、意志的强弱、性格的倾向、道德品质的好坏等也都是在家庭氛围中形成的。因此，家庭中父母的心理状况、文化程度、智力水平、道德品质、办事原则等对孩子的心理素质形成有重大影响。对独生子女溺爱的情感方式使孩子一旦离开父母和家庭的怀抱便失去了赖以生存的"乳根"，形成对社会环境、人际关系的恐惧感和冷漠感。这时的大学生最需要新环境、新氛围的温暖，需要他人的关怀与照顾，而这时的班集体等新环境都刚刚形成，每个成员都在经历着人生新阶段的考验，都在由被保护对象向自我保护、自立、自尊和自为方面转变，基本上都处在自顾不暇的状态。

3．社会环境因素

社会的变化、生活节奏、社会风气等也是影响青少年心理健康不可忽视的因素，随着社会竞争意识增强和生活节奏的加快，人们的心理压力也逐渐加大。一部分人会因为感到难以适应未来世界的变化而产生心理危机和不适应。这对青年大学生提出了更加严峻的挑战，因为他们不仅要适应时代的变迁，还要适应自身的发展。

在所有的社会环境因素中，师生间的教育环境，尤其是教师在促进学生心理素质发展上起着较为关键的作用。高校学生生活具有寄宿性、常住性的特点，学生的归宿由家庭转向学校，学生的心理寄托由家长转向教师。因此，高校教师自然地成为学生模仿、学习和崇拜的对象，榜样具有无穷的力量，学生在有意或无意中模仿心中的榜样。

另外，网络文化也对大学生的认知、情感和意志等心理素质产生了积极或消极的影响。譬如，网络信息的丰富性有助于培养大学生思维的广阔性和批判性；通过访问心理健康网站调节情绪。心理健康网站提供了大量的心理健康知识，有助于大学生解决心理上的一些困惑和问题，减轻压力，提升心理素质；在利用网络学习、交流过程中遇到网络技术上的困难时，经常要靠大学生自己去独立解决，这对培养大学生的独立性、坚定性等良好的意志品质有很大的帮助。

二、心理素质/质量测量工具

目前国内关于大学生心理素质测量工具的选用呈现出两种趋势：一是使用成型的、公认有较好信度和效度的相关量表施测，如临床症状自评量表（symptom check list 90，简称 SCL-90）、卡特尔 16 种人格因素问卷（sixteen personality factor questionnaire，简称 16PF）等。使用这些测量工具的明显缺陷是：①它们只能测查心理素质的某些成分，如心理健康状况、人格特征等，即使把几种量表结合使用，也只是一个拼盘，无法反映出大学生心理素质的整体结构；②它们都不是专门针对大学生群体编制的，无法考虑到大学生的特殊性。二是自编相关量表或问卷进行测查，如大学生心理问题量表、大学生非智力因素测查问卷、大学生心理健康量表等，这些量表的编制虽然考虑到中国大学生的心理特点及其文化背景，但它们多是针对大学生的某种心理状态（如心理健康、心理问题）或心理结构成分（如人格、非智力因素）而编制的，忽视了大学生的整体心理素质结构。教育部社政司组织国内心理学专家编制了大学生心理健康测评系统，从人格、应激、适应、症状四个方面测查大学生心理健康的全貌，但题项多，容量大，操作起来比较耗时，且没有系统分析四个分量表之间的关系以及各自的功能。另外，心理健康和心理素质尽管有密切联系，但二者的差异还是显而易见的。

三、心理素质/质量评价方法

（一）描述性评价方法

描述性评价方法大体包括以下三个步骤：①确定相关测量工具。国内学者在对大学生心理素质进行测量时所选工具大体有以下四类：单独运用人格量表进行测量，所运用的人格量表主要为卡特尔 16 种人格因素测评量表（16PF），艾森克人格测评量表（EPQ），大学生人格健康量表（简称 UPI）和明尼苏达多相人格测验（MMPI）等；单独运用心理卫生量表，最常用的心理卫生量表是 SCL-90；将人格量表和心理卫生量表结合使用；自编问卷进行调查。②确定调查对象。选择不同类型、不同性质学校且不同年级、不同来源、不同专业的学生若干名。③进行描述性统计分析。可考虑就调查对象的性别差异、学校类型差异、家庭来源差异、专业类型差异、年级差异等各个方面进行分析比较，通过方差分析，主要进行 T 检验和 F 检验。

（二）结构方程评价方法

结构方程评价法与描述性分析法的相同点在于二者均需要确定测量工具，均需要确定调查对象；不同之处在于结构方程评价法主要探讨影响心理因素的因素及各因素间的关系，相对而言，其方法更为复杂。其步骤主要有：在选定测量工具和研究对象并回收数据后，首先对影响因素间及各影响因素与心理素质间的关系进行相关分析，得到相关矩阵；在此基础上，进一步进行回归分析，就各影响因素对心理因素变量进行回归，通过 F 值和 P 值来考查影响因素的显著性及影响力的大小，同时可进行影响因素的删减或增加。为了进一步验证各影响因素变量与心理素质各变量间的关系，可采用 LISREL 和 AMOS 等统计软件对心理素质与影响因素之间的关系进行结构方程模型分析。在构建结构方程模型时，心理素质作为外源潜变量，影响因素作为内源潜变量，其他显变量可作为内源潜变量的内源标识。可考虑事先设定多个模型进行评价，通过模型比较得到一个可以接受的相对有效和节俭的模型，根据结构方程模型的构建思路，在模型设定中提出有关路径系数的相关假设，在模型拟合中可考虑采用最大似然法估计得到各拟合指数。

（三）AHP 模糊综合评判法

该方法主要包括三大步骤：①构建量化指标体系。在运行体系已实现层次结构模式的基础上，将有关的各个因素按照不同属性自上而下地分解成若干层次，同一层的诸因素从属于上一层的因素，同时又支配下一层的因素或受到下层因素的作用。可参照国内各高校关于大学生心理素质测评的基本情况，把大学生心理素质划分为若干个一级指标、若干个二级指标和三级指标，进一步对素质测评指标体系进行层次构建。②利用 FAHP 法确立权重系数。首先从层次结构模型的第二层开始构造成对比较阵，对于从属于（或影响）上一层的每个因素和同一层诸因素，用成对比较法和 1～9 比较尺度构造成对比较阵，直到最下层。计算权向量并作一致性检验，对于每一个成对比较矩阵计算最大特征及其对应特征向量，利用一致性指标、随机一致性指标和一致性比率作一致性检验。若检验通过，特征向量即为权向量；若没通过，需重新构造成对比较阵。计算组合权向量并作组合一致性检验，计算最低层对目标的组合权向量，并根据公式作组合一致性检验，若检验通过，则可按照组合权向量表示的结果进行决策，否则需要重新考虑模型或重新构造那些一致性比率较大的成对比较阵。然后构造判断矩阵，对所有判断矩阵进行综合，得到专家群体判断矩阵。③用模糊综合评价方法对学生的综合素质进行评价。首先，确定评价评语；然后，构造判断矩阵，接着计算一级综合评判值，并建立二级综合评判模型；最后，分析模糊综合评判结果。

第七章　高校内部教学质量保障体系概述

第一节　高校内部教学质量保障体系的含义

一、高校内部教学质量保障体系的提出

质量保障体系，作为一个名称和概念，最初用于工商 QA（质量保障）概念，旨在通过相应手段，使产出结果满足服务主体的要求。之后，随着我国对教育教学质量的重视，教育教学质量保障及其体系被先后提出，并引起了教育界诸多学者的重视。

教学质量保障体系是教育学中的一个概念名称，它是通过相关措施，对教育教学进行管理，使教育教学质量始终保持在一个合理区间，以满足教育质量的要求。

从理论角度来讲，教育教学是一个严谨的工作，教育质量保障不能出现盲目性，需要确立管理方向，一般情况下包括：教育制度、教育方法、教育理念、教育内容以及先进技术的使用，并且要结合实际条件进行分析，确认院校具体缺陷，再针对性地进行改善。①

二、高校内部教学质量保障体系的含义

（一）对教学质量的理解

关于高校教学质量的概念与含义，我国学者从不同角度进行了研究，并有一些概念描述，但学术界关于高校教学质量保障体系的同一性

---

① 熊光红. 新时代高校教育质量评价与保障体系的构建 ［J］. 智库时代，2019 (10)：112.

概念文字描述尚无定论，只能结合各学者的研究从不同角度（如教学角度）理解高校教学质量保障体系的基本含义。具体分析如下。

王利民认为，教学质量包含了学习态度、学习能力、学习效果以及学习方法在内的学习系统质量，以及教学目标、教学内容、教学方法、教学环境、教学态度以及教学效果在内的教师教学系统，是两者的综合体。孙丽海认为，教学质量是当一切教学活动在完成预定目标并能够维持个体和社会发展的要求下，对质量高低的一种衡量。

于素梅认为，教学质量内涵是对教学成果的检验，而这种检验应当是在学生完成某一目标后对其达成程度上的公平检验。①

（二）教学质量体系的构建

教学质量保障体系的构建应当从全面质量管理理论入手，根据理论研究方法对教学中的每一个细节进行程序化、系统化、持续化与制度化的监控，并通过评价与反馈来建立质量管理体系。

教学质量保障体系的构建，应满足以下基本条件。

（1）质量共识，即需要满足高校体育家与质量管理理论的质量标准。

（2）通过分析大学生教学质量的具体过程来抓住各个控制关键点，并衡量出具体的质量标准进行监督审查，从而建立基本的保障体系。

（3）运行阶段，通过大量实践，不断完善体系中的不足，保障高校教学质量保障体系正确、合理运行。

第二节　高校内部教学质量保障特征与功能

一、高校内部教学质量保障体系的特征

从现有的相关研究和实践经验来看，高校内部教学质量保障体系与

---

① 杨伟华. 高校教学质量保障体系研究［J］. 江西电力职业技术学院学报，2019，32（3）：45－46.

我国现有的高校教学质量监控体系相比，主要表现出以下特征。

（一）整体性

整体性是高校内部教学质量保障体系的第一个特征，即从教学的全过程，调动全体教职员工与学生的参与和奉献，从高校教学活动的各个环节全面且有重点地展开第一责任主体的自我保障工作与外部主体（相对于前者）的协同保障工作，学校从整体上对此进行规划和运作，以保证教学质量的持续提高。该体系的建设与有效运行在很大程度上标志着教学质量保障作为一项职能相对独立的常规与系统的工作存在，或者说更多的体现此项工作的制度化。

（二）适应性

高校内部教学质量保障体系的第二个特征是适应性。

1．对外的适应性

对外的适应性指高校教学质量保障体系建设的一个主要出发点就是要更好地满足社会需求，该体系需要通过一系列机制根据社会需求的变化来调控内在要素，时时关注教学质量与社会需求的同步发展。而这一特征同时伴随了另一个从属特征，即开放性，高校教学质量保障体系应该是一个具备外部交流与沟通能力的开放系统，如此才能更主动、有效的了解外部需求，同时向外部传递学校的教学质量信息。

2．对内的适应性

对内的适应性是指高校可以根据本校的定位与特色来建设自身的教学质量保障体系。

（三）主动性

主动性是高校内部教学质量保障体系的第三个特征。高校自主办学是一种权力，更是一种责任体现，高校通过高校内部教学质量保障体系的建设，主动承担教学质量保障的首位主要责任，才能更好地维系和拓展其办学自主权。主动性更具体地表现在该体系内部运行中，即主动进行质量文化建设，主动进行质量保障的制度建设，主动择用和研究质量保障的方法和技术，主动寻求外部智囊支持，主动探寻存在的问题并加以改进，主动与外部有效沟通等。

二、高校内部教学质量保障体系的基本功能

高校内部教学质量保障体系的基本功能大致可以从对外的功能和对内的功能两方面来加以归纳。对外而言，主要是公开承诺功能与自我证明功能；对内则主要体现在质量文化引领功能、诊断与调控功能、信息集成功能、约束与激励功能几个方面。

（一）公开承诺功能

高校内部教学质量保障体系的运行首先需要学校基于对社会需求的判断、自身条件以及自我发展愿望等内容，确定一个教学质量保障的目标集合，如包括办学理念、学校定位、人才培养目标等。这一目标集合需要公之于众，成为对社会的一种承诺，这里面既包含了学校教学质量保障的基本要求，即达到社会所公认的毕业或学位标准；也可以据适应或引领社会需求的能力！学校的自我发展愿望来展现更高的教学质量保障追求，即持续发展，不断提高教学质量。

（二）自我证明功能

自我证明功能是前一功能必要后续工作，既然有了公开的教学质量目标和标准的承诺，高校作为自主办学、自我负责的主体而言，外部监督对其而言毕竟存在某种程度的被动性，学校更为需要的是通过主动地自我证明来赢得外部认同，其内容不仅体现在结果上，这种自我证明更关键的是要体现在教学质量保障的规范性建设和有效的运行过程之中，并主动与外部进行有效的信息互动，向外展示一种自我教学质量保障的设计与执行能力，使外部主体见其所各、见其所行，就能够对其最终产出的教学质量具备较强的信心，给予较高的信任度。

（三）质量文化引领功能

高校内部教学质量保障体系的建设对学校内部的全体教职员工和学生而言，具有一种质量文化引领的功能。实践中，大多数此类体系均是由外部推动或由学校领导层发起的，此况之下，质量文化在全员中的普及与深入更需要借助这一体系的建设与有效运行来展开，一方面通过建设加强对全体人员质量文化的引领，另一方面通过有效的运行，来巩固

和加深全体人员对质量文化的认可，直至共同创建。

（四）诊断与调控功能

诊断与调控功能是高校内部教学质量保障体系主要事务，也最能为全体人员所感受到。质量保障区别于监督的重要内容就是通过评价来形成科学合理的诊断，进行有效的反馈，保证切实的改进"在教学质量保障过程中，绝大多数评价的主要目的在于为诊断和反馈服务，中间媒介通常以评价报告和改进方案，最终通过问题的改进作用于保证教学质量的持续提高。事实上，以上所述的借助反馈信息进行改进的过程已经涉及了调控功能。除此之外，调控功能还体现在教学质量保障的承担信息管理与研究职能的部门，通过分类或综合的教学质量信息处理与分析，可以为相关的责任主体、决策机构提供有效的分析报告，这些主体或机构则可借此对教学过程、教学过程中的关键控制点及相关支持资源进行调控。

（五）信息集成与发布功能

高校内部教学质量保障活动的开展，评价与诊断、反馈与改进是常规的。关键的工作内容，而这些活动无不以信息为载体，工作的开展基本建立于信息的收集、处理（包括筛选、分类、建立索引等）、分析与交流之上，高校内部教学质量保障体系从组织架构、制度架构到日常工作的常规化与系统化，为这些信息的系统收集、处理、归档与研究提供了系统、可靠的条件保障，使信息集成与发布体现科学、规范、有效的要求，更好的保证信息的全面性、可靠性和适用性。

（六）约束与激励功能

高校内部教学质量保障能够通过各类制度建设、质量文化建设，通过各类具体的评价、诊断、反馈、改进及监督等工作，形成较为系统的约束与激励机制，使各个部门和全体人员形成一种对外、对内、对自我的责任感。这一责任既包括质量保障体系组织和制度框架内所赋予的既定职能与规范的行使，也包括自觉的质量意识、奉献精神以及付诸实施的自我增进。

第八章　高校教学质量监控体系的建设

第一节　高校教学质量监控目标体系建设

随着时代的发展和进步，各个国家都越来越重视学校教育，尤其是高等教育作为人才培养和输出的重要阵地，更加受到重视。在高等教育发展的过程中，教学质量是最为重要的核心内容之一，不断提高教育质量成为一个重要的研究课题。根据高等学校教育活动的特点和规律，高等学校教学质量保障体系必须以学校内部的教学质量保障为基础，以校内全面质量管理系统为教学质量保障的核心系统。高等学校教育的质量保障是一项复杂的系统工程，取决于外部质量保障体系和内部质量保障体系。外部质量保障体系受政府宏观管理及投入、政策导向等因素的影响，内部质量保障体系受直接因素和生源、人才需求、就业导向等间接因素两方面影响。只有将内部保障和外部监督有机结合起来，才能确保高等学校教育向着健康的方向发展。

在高等学校教学中，教学目标在一定程度上决定着质量目标，质量目标来源于教学目标。因此，质量目标归根到底是教学目标的问题。随着我国高等教育系统的不断改革与完善，高校在依法自主办学的前提下，不断更新质量观念，提高质量意识，形成自我约束、自我激励机制，建立完善的内部教学质量保障体系，成为今后提高教学质量的一项重要工作和任务。

2016年，我国政府部门提出了"四个全面"的战略布局，四个全面即全面建成小康社会、全面深化改革、全面依法治国、全面从严治党，这"四个全面"对于我国的未来发展有着一定的统领作用。通过近些年来的发展我们可以发现，高等教育在推进现代化的进程中肩负着非常重要的使命，要想获得教育公平，就要使教育质量得到公平，教育质量在其中扮演着十分重要的角色。

高等学校教育质量如何对于一个国家或地区的发展而言至关重要。要想提高教育质量，首先就要确定一个合理和完善的目标体系。

一、目标对高校教学质量的影响

在学校教育中，教学目标的设定历来都受到重视。可以说，教学目标对学生的学习及教师的发展、对教学质量的提高都具有十分重要的影响。一旦确定了教学目标，学生就要自觉地去追求、去拼搏和奋斗。目标设置的理论也认为，目标通过四种机制影响绩效：一是目标具有引导功能，它引导个体注意并努力趋近与目标有关的行为，远离与目标无关的行为；二是目标具有动力功能，较高的目标比较低的目标具有更大的诱惑，更能使人做出更大的努力；三是目标影响坚持性，它使参与者延长了努力的时间。

大量的实践与事实充分表明，在学校教育中，教学目标就是教学活动的指挥棒，以满足企业用人岗位需求而科学设置教学目标，教学活动就能取得成功，所培养的人才就备受社会欢迎；以理论应试结果设置目标，就使教学活动进入误区，所培养的人就会高分低能，学生就业就相对困难得多。因此，依据社会对人才的需求设定合理的教学目标至关重要。

近些年来，我国各地有很多学校都进行了办学水平的评估。评估中发现，各学校在教学目标的设置方面都普遍存在一些问题。这些问题主要表现在以下几个方面。

第一，培养目标死搬教条，脱离社会岗位对职业人才的要求，教学大纲、教学计划缺乏现实的针对性。尤其是高技能人才的培养目标，更缺乏对未来工作的适应性。

第二，教学目标单一，仅仅体现了人才的能力程度，有关思想品质、身心素质、职业意识和协作奉献精神、职业和创业能力等方面在教学活动中几乎未体现。

第三，知识和能力目标的制订在很大程度上偏离社会的需求和毕业生的接受能力。

第四，教学目标引导下的教学活动没有脱离应试教育的怪圈。

总之，在学校教育中，学生在学习时通常会学感觉学有所难、学用相距太远，从而使教育目标失去了其应有的功能和作用，严重制约和影响着学生学习的积极性，难以激发学生主动学习的动力，对于高等教育质量的提高是比较不利的。

二、建立质量目标体系的注意事项

在高校教育中，要想设定一个合理的教学质量目标，实现其积极的功能和作用，需要做好以下两个方面的工作。

(一) 以需求为依据确立教学目标

学校教育一个非常重要的目标就是使学生通过愉快的学习过程，成长为企业现代化生产所需要的职业人才。因此，社会生产的需求和学生与家长对学生成长发展及适应社会的期望，就是学校教学质量管理活动中的顾客需求。满足了这两方面的需求，目标才具有其明显的功能。这一点在职业学校中表现得尤为明显。例如，学校在制订目标之前，要深入工厂、企业等用人单位，调查了解和认真分析本地区及全国的社会经济发展情况和各行各业的经济技术现状，把握其现实和未来人才需求的条件和方向，探讨分析所培养人才的职位需要和职业能力要求以及未来发展的方向、职业变化范围和所需要的相关能力。这其中学校与企业需要经常反复的相互沟通，使学校和学生了解企业，企业也要认识学校和学生。二者有机结合，才能确定合理的培养目标和教学目标。

（二）以培养目标为依据确立教学目标

对于一些职业院校而言，首先要在调查人才职业需求的基础上，认真分析职业能力的影响因素，分析其涉及的知识领域，能力范围及与之相关的生产、生活领域的真实情况，以此为依据确定学校所要开设的课程、课题及达到的程度等教学总目标。也就是说，要以培养目标为依据确立教学目标，这种专门的针对性培养对于学生毕业快速走上工作岗位、适应社会具有非常大的帮助。

在学校教育中，教学目标可以说是一个总系统。它主要包括由教学目标分解而来的课程教学目标、单元（或课题）教学目标及课时教学目标三个层次。在制订教学目标时，要注意教学目标的层次性、边界性和递进性，注意教学目标之间的相互作用与关系。这些层面的目标相互关联（上一层面的目标可分解为若干下一层面的目标，若干下一层的目标则组成上一层的目标）也相互作用（上一层面影响下一层面目标的分解，下一层面目标则影响下下一层面的达标，各层面目标的不断循环改进达标而促成教学总目标的达标），并通过由上而下的具体化，使之成为一个完整的目标系统。横向来看，教学目标有多个维度，主要包含了知识和技能、思想和人格、情感和意志、职业和意识、发展和创业等诸多方面，教学目标的多维性要求在制订目标时，要考虑人才培养的多面性、长期性和发展性，既要满足学生第一任职岗位的需要，还要满足其职业发展需要，甚至满足其转岗再就业和自主创业的需要，同时满足系统性要求的目标，构成职业院校完整的教学质量目标体系。显而易见，这样的目标体系是非常科学、合理的。各校在确定教学目标时要充分考虑以上因素，结合社会与学校的具体实际制订教学目标。

三、质量监控目标体系的建立

教学质量监控目标体系的建立对教学质量的提高起到重要的保障作用。一个完善的教学质量监控目标体系主要包括以下要素（图8-1）。

（一）教学质量监控目标体系

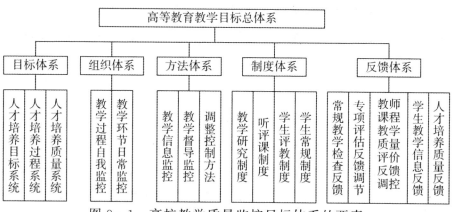

图 8—1　高校教学质量监控目标体系的要素

建立教学质量监控目标体系的主要目的是通过人才培养全过程的质量监控，促进人才培养目标的科学设计和人才培养目标的实现。具体而言，主要体现在以下三个方面。

（1）人才培养目标系统主要监控点为人才培养目标定位、人才培养方案等。

（2）人才培养过程系统——主要监控点为教学大纲的实施，师资的配备，课堂教学质量、教学内容和手段的改革，考核内容和方式的改革等。

（3）人才培养质量系统——主要监控点为课程合格率、优秀率、各项竞赛获奖率、创新能力等。

（二）教学质量监控组织体系

在学校教育中，教学质量监控组织体系主要由教务处、教研组及教师构成三级监控组织，根据管理的职能，在不同层面上实施质量监控及协同监管。这主要分为两大方面。

一方面，高校教学质量监控主要以教学过程自我监控为主。在校长的领导下，充分发挥高校教学工作领导小组的作用，负责本校的具体工作，如对教师的监督、对学生学习的监督等。

另一方面，教研室的教学质量监控以教学环节的日常监控为主。由教研室主任负责组织本教研室的听课、试卷命题、阅卷、试卷质量分析、毕业论文质量分析等工作，并通过校、系、教研室组织的各类检查评估（教案、作业布置与批改、教学进度计划、学生评教、教师评学、教研活动的开展等），严把各个教学环节的质量。

总体来看，当前我国高等教育教学质量还存在一定的缺陷，缺乏全面性，对于整个学校的教学质量的全面性的监控工作，更缺少相关的专门职能管理部门以及相关规章制度。所以，在建立高校的内部质量保障体系的同时，一定要建立一个科学的教学质量保障组织系统（图8-2）。

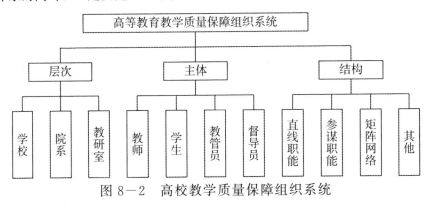

图8-2　高校教学质量保障组织系统

（三）教学质量监控方法体系

在学校教育质量监控中，要采用合适的监控方法，这样才能确保监控的有效性和合理性，通过长期的实践总结，科学的监控方法应该是以评估检查为重点，教学信息监控为辅助，针对教学全过程实施监控。

教学质量的监控主要包括教学信息监控、教学督导监控和调整控制三个方面，其基本的操作方法如下所述。

（1）教学信息监控。通过日常的教学秩序检查及初期、期中和期末教学检查，通过教学信息反馈和学生学习信息反馈等常规教学信息收集渠道，及时了解和掌握教学中的动态问题。

（2）教学督导监控。对所有教学活动、教学环节、教学管理制度、教学改革方案等进行经常性的随机督导和反馈。

（3）调整控制。根据信息收集、信息处理进行及时的调控。

（四）教学质量监控制度体系

在学校教育中，教学质量监控制度体系主要是指以建立健全规章制度为先导，严格执行为保障，全面监控教学质量。具体来说，涉及如下几个方面。

（1）建立科学、合理的教学研究制度。

（2）建立合理的听评课制度，即行政领导、教学管理人员、教研组长及同行相结合的听评制。

（3）建立一个良好的学生评教制度。每学期通过问卷调查的形式，由学生作为课程教学评估的主体，对教师的教学质量进行评估。

（4）结合学校实际制订合理的教学常规制度。其中主要涉及教学计划、备课、上课、辅导、考试等几个环节的内容。

（五）信息反馈调控体系

在学校教育中，我们要以日常教学检查与专项评估为契机，以教学督导、学生教学信息员及用人单位为依托，加大反馈和调控力度，不断改进教学工作，促进教育教学质量的发展和提高。在构建信息反馈调控体系的过程中需要重视以下几个方面。

（1）常规教学检查反馈调控。对问题开展总结研究，及时查找和纠正教学工作中存在的问题，推动教学工作的持续改进。

（2）学生教学信息反馈调控。以学生教学信息中心为载体，及时收集、整理学生的意见和建议，坚持执行学生教学信息员制度，并反馈至个人，促进教学改革的深化和教学质量的提高。

（3）教师课程教学质量评价反馈调控。科学设计评价方案，进一步加强教师课程教学质量评价结果的应用，充分发挥其正面导引作用，促进教师改进教学方法和手段，提高教学水平。

（4）专项评估反馈调控。充分发挥各类专项评估的导向作用，坚持"以评促改、以评促建、以评促管、评建结合、重在建设"的方针，进一步加大督促整改的力度，切实规范教学管理，提高教学质量。

（5）人才培养质量反馈调控。及时调整人才培养方案，了解用人单位对毕业生的看法以及社会对高校人才培养的意见和建议，使高校各专业人才培养方案与社会需求保持动态的适应性。

四、质量监控目标体系建立的对策

在构建教学质量监控目标体系的过程中，通过理论结合实践，使之最终形成切实可行的监控体系，从而实现教学质量管理的规范化，提高人才培养的质量。

首先要确立教学质量的准则与标准，进而使用 PHP 语言建立一个监控系统平台，实现教学质量监控的自动化和网络化，把平台录入的数据通过数据库存入后台进行收集和分析，形成教学效果评价体系。

（一）建立教学质量准则与标准体系

建立教学质量准则与标准体系的总体目标主要是树立现代教育思想，提高质量意识，科学确定各主要教学环节质量标准，建立学校教学质量管理长效机制和质量保障体系，不断改善影响教学质量的内部因素（教师、学生、条件、管理）和外部因素（方针、政策、体制），通过科学的评价，分析教学质量，建立一个良好的信息交流与反馈网络，从而确保教学质量的提高。

一般来说，学校教学质量标准的基本结构主要包含组织保障、质量目标、信息收集、评价分析、信息反馈和调控等。其基本的功能如下所述。

组织保障是为了组织协调教学质量管理活动，保障各项教学工作及质量管理工作的顺利进行而构建的。

质量目标体系是以学校制订的人才培养总目标、子目标为依据而设定的教学过程中各教学环节的质量目标的集合，通过建立目标体系，使教学各环节质量目标层层分解，形成一个比较完整的质量目标体系。

信息收集体系主要是利用多渠道将教学过程中各种信息收集、整理、分析、评估，并经过信息反馈，使各项教学活动与教学质量目标相协调。

教学质量评价分析主要是依据教学评价体系和各教学环节质量目标，进行专项检查和评价。

信息反馈与调控是根据教学质量信息收集整理，分析与质量目标相比较而出现的偏差和问题，通过校长办公室或者教务处等有关职能部门研究，形成调控意见，进行实施，并检查实施效果，以实现既定的教学质量目标。

（二）建立教学质量监控方法体系

随着当今网络信息化的建设与发展，计算机在各领域都得到了广泛的利用。目前，在学校教育中，也基本实现了计算机管理。计算机在学生评价中的利用率也非常高。由于学生人数众多，上课时间分散，要组织学生按照规范为任课老师打分是非常难的事情。但是，对于教学质量测评体系来说，学生对教师的评价还基本停留在手工阶段。另外，测评表收集上来后，数据录入、统计也是一件费时、费力的工作。目前，大多数高校采用抽样测评方法减少工作量，对大量测评表是由勤工俭学的学生帮助统计、录入，再利用电子表格或单机数据库应用系统进行计算的。

在学校教育中，建立一个教学质量监控方法体系非常重要，其内容主要包括以下几个方面。

1. 常规教学检查

在平时的教学中，进行经常性的教学检查是尤为必要的，其中"初期""期中""期末"的教学检查是最为重要的三个部分。初期教学检查以教学秩序和教学准备及教师、学生到位情况为主，由各教研室组织；期中教学检查以自查为主，理论教学部在此基础上对半学期以来教学工作进行抽查；期末教学检查以监测考风、考纪为重点，由理论教学部组织。

2. 系级教学工作水平评估

在学校教育中，充分发挥系级教学工作水平评估的激励和导向作用，促使各部门做好教学管理工作，推动教学管理改革，不断提高教学的质量和效果。

3. 课程评估

深入开展课程评估对于教学质量的提高具有非常重要的意义。促进课程建设，提高课堂教学质量，进一步加强市级、校级重点建设课程、精品课程的建设与管理工作，坚持对重点建设课程进行阶段性验收评估和结项评估；深入挖掘课程资源，及时总结课程建设的经验，推动课程建设的整合化和系列化。

4. 实验室评估

坚持开展实验室评估，促进实验室建设，提高实验教学质量。进一步加强校级重点实验室的建设与管理，推动实验教学环境的整体优化，推动实验教学改革，减少验证性实验，增加综合性、设计性实验，促进实验室开放，实现资源共享。

5. 试卷评估

积极开展试卷评估，强化教师和相关负责人，尤其是教研室主任的责任意识，确保试卷质量，使各级各类考试能真实、全面、准确地反映学生的学习状况。

6. 教研室评估

积极开展教研室评估，推动教学研究与改革的不断深入，使教研室真正担负起教学基本建设、管理和改革的职责，保证教学工作的高效运行。

7. 学生学习质量评估

评估学生的学习质量非常重要，制订"定量与定性相结合、个性与共性相统一、形成性评价与终极性评价相协调"的"知识、能力、素质" 三位一体的人才质量评价机制，科学合理地对学生学习质量进行监控。

8. 教师课程教学质量评价

在具体的学校教学中，每学期组织一次由学生评教、领导和督导评教相结合的教师课程教学质量评价，对评价结论不合格的教师，组织专家进行诊断性听课，如结论属实，则暂停其教学工作或调离教学岗位，这样有利于教师提高教学质量，促进学生学习成绩的提高。

9. 教学信息监控

学校教育涵盖的因素较多，通过师生座谈会、学生教学信息员等渠道，广泛收集各方对教学工作的意见和建议；在校园网上公布各专业人才培养方案，精品课程、重点建设课程的教学大纲，教学进度计划等教学基本条件，接受师生监督评议。

（三）建立教学效果与评价体系

建立一个完善的教学效果评价体系对于提升教学质量具有非常大的帮助。教学效果与评价体系对应于监控方法体系，是用数据库的方式处理获得的信息，便于进行教学效果的评价。

一般来说，教学质量监控体系主要采用 PHP 设计语言，它本身是一种面向对象的设计语言，其具有强大的数据库操控功能，可以利用数据控件访问多种数据库系统，为程序设计带来便利及可实现性。因此，教学质量评估采用 MySQL 数据库，具有很强的可靠性、易用性等特点，能获得理想的评价效果。

在学校教学中，教学效果与评价系统主要是针对教师教学的评价、学生学习效果的评价及对学生和班级的成绩预警。其核心是评价，是通过对学生、教师的一个综合性质的全面评价。评价的流程主要包括：用户登录系统、用户管理、用户信息录入、教师评价、统计分析、查询、学业预警七项功能。

该系统下需要处理分析的内容主要包括以下几个方面。

（1）用户登录系统：此需求是用户进入本系统的一个验证过程。通过此功能，可以区分各个不同权限的用户。

（2）用户管理：此需求是对用户个人信息、权限等的管理。

（3）用户信息录入：此需求是管理员对基本信息的维护。它方便用户对个人资料的查询及修改。

（4）教师评价：此需求是用户对教师的评价，也是此系统重要环节之一。

（5）统计分析：此需求是管理员结合用户的评价进行系统的分析后得出的总评价。

（6）查询：此需求是用户对统计结果进行查询。

（7）学业预警：此需求是对学生和班级不及格成绩的数目和人数进行一个规范，超出预定的规范则通过预警方式向学生或者班级进行学业警告。

通过以上系统内容的植入，利用先进的网络技术将处理分析过的内容直观有效地反映在系统界面中，从而形成教学效果评价系统。通过这一评价系统，教师能清晰地看到教学的效果如何，从而采取有针对性的措施改进教学过程，实现教学质量的提高。

第二节　高校教学质量监控组织体系建设

在学校教育中，监控组织体系是教学质量监控体系的重要组成部分，这一体系的内容主要包括常规教学质量内部监控组织、教学质量督导团、教师组织和学生组织等几个部分。其中，教师组织和学生组织是基于全面质量管理理论中的"全员参与"理念加入的，这两类组织并没有形成固定的机构或部门，但教学质量监控活动中发挥着极其重要的作用。

一、常规教学质量内部监控组织

高校常规教学质量内部监控组织是指目前高校中普遍存在的校级教学质量监控机构、学院（系）教学质量监控机构和教研室。

二、教学质量督导团

在学校教育中，与一般的教学质量内部监控组织相比，教学质量督导团是一个相对独立的、有较强针对性的教学质量内部监控组织。"相对独立"主要是指教学质量督导团基于分离教学管理中的教学质量内部监控职能而建立，并不直接组织教学活动；"针对性强"是指教学质量督导团是专门履行教学质量内部监控职能的机构，它坚守服务教学和教学管理的理念，以不断改进教学质量为目标，在教学质量内部监控活动中发挥着重要的作用。教学质量督导团的组成主要包括教学专家或教学管理专家，他们普遍具有爱岗敬业、业务水平高等优良品质，对于学校教学质量的提高具有非常重要的帮助。

一般情况下，教学质量督导团的主要工作包括以下三项内容。

（一）反馈和参谋

教学质量督导团首先需要展开调查工作，其调查的内容主要包括教师的教学、学生的学习情况，在此基础上发现教学工作中存在的各种问题，并向各个部门递送反馈信息，接下来参与和谋划学校的人才培养和师资队伍建设等工作。[①]

（二）督促和指导

教学质量督导团可以通过各种手段与措施来了解教师的上课情况和学生的学习情况，如听课、实践教学、查看学生作业和毕业设计等活动，这样能为教学活动的规划提供合理的依据。

---

① 张振. 高职高专院校教学质量内部监控体系研究 [M]. 北京：中国矿业大学出版社，2017.

（三）评价和建议

教学质量督导团通过对教师教的结果和学生学的结果的考核和评价，提出改进建议，以促进教学活动的良性循环。

三、教师组织

教师在学校教育中扮演着十分重要的角色，也是提高教学质量的决定性因素，因此教师组织在教学质量内部监控组织中的地位至关重要。教师组织监控的重点在于学生的学习质量，其开展的监控活动主要包括以下两个方面。

一方面，教师之间组织开展各种教学研讨会，针对教风和学风发表自己的见解，探讨课堂教学和实践教学中存在的问题，并提出改进学生学习质量的方法。

另一方面，教师以教学规范作为行为准则，履行教书育人的职责，了解并掌握学生学习的基本状况，并同其他教师以及教学管理人员进行交流沟通，以加强对学生的教育和管理。教师在重视自己如何教的同时还要重视学生如何学，在重视知识传授的同时更要重视学习方法的传授，这样才能更好地对学生的学习质量进行监控，从而培养出专业基础扎实、动手能力强、品德高尚和素质全面的人才。

四、学生组织

在学校教学中，学生是教学活动的主体，教师在其中起着指导作用。就当今高校的教学质量内部监控活动而言，学生组织通常包括学生会和各个班级的教学质量信息员组织。学生组织的监控活动集中体现在学生评教活动上，主要包括针对教师的教学态度、使用的教学方法、讲授的教学内容等提出自己的意见和建议；发表自己在课程设置、学习方法、教材选择等方面的看法。学生评教活动的举办主要有两方面的作用，一方面可以激发教师教学的热情，促使其不断提高教学质量；另一方面，能有效调动学生学习的积极性，培养其自觉学习的意识和习惯。

在今后的教学活动中，学生评教需要注意以下三个方面的问题：第一，要明确学生评教的目的，教师和学生都要树立良好的态度；第二，要建立一个科学的评教指标体系；第三，要科学对待学生评教的结果，充分发挥学生评教的诊断和服务功能。通过这些组织活动能为教师的教学和学生的学习提供良好的保障，保证教学活动的顺利进行。

五、扁平化监控组织的构建

学校教学的组织与管理非常重要，一个良好的教学管理组织能保证教学活动合理有序的进行，从而有效提高学校教学的质量。在学校教学组织与管理中，少不了教学质量的监控，在构建高校教学质量监控组织时，需要注意这一组织的基本结构，即要致力于构建扁平化的监控组织结构。"管理跨度"与"组织层次"是组织管理学中的两个重要概念。其中，管理跨度是指一个上级与它直接指挥的下级之间的数量关系，组织层次是指组织最高层与组织最低层之间所包含的层次。当组织规模相对稳定时，管理跨度越大，组织层次越少；管理跨度越小，组织层次就越多。这是学校教学质量监控组织的一个重要特点和规律，作为教师一定要把握好这一规律。

在高校教学质量监控组织中，这一组织体系呈现出扁平状的结构。在锥形组织结构中，由于管理层次偏多，信息从高到低或者从低到高的运行要经历多个层次，容易导致对质量需求信息的反映所需时间较长，而且信息经历的层次越多，其真实性和准确性也就越低，即便经过了漫长的等待，也未必能获得组织所期望的需求。信息的低效运行以及失真导致质量要求难以满足，这势必给教学质量内部监控带来重重困难，进而导致教学质量监控体系的运转不畅，不利于教学活动的顺利进行。

大量的事实表明，扁平状的组织结构能够在很大程度上提高受教育者需求的时效性和准确性，有利于高校教学质量监控活动的开展。如何构建一个科学的扁平化组织结构是一个难题。关于这点，我们可以借鉴国外高等教育机构在实施全面质量管理中的两种做法。一是通过削减管理部门来减少组织层次。国外的一些高等教育机构在教学质量内部监控活动中撤销了大量职能部门，由校长直接面对教研室，教学质量的信息传达到教研室，再由教研室直接传达至校长。二是减少和取消副职。副职的存在虽然没有增加组织层次，却增加了管理层次。在组织层次难以减少的情况下，可以采取减少和取消副职的做法。这两种做法都已经被证明是较为合理和有效的手段，我们可以结合自己的国情和学校的具体实际借鉴和采纳。

第三节　高校教学质量监控制度体系建设

要构建一个科学和完善的高校教学质量监控体系非常重要，它对于教学质量的提高具有重要的作用。在教学质量监控体系中，目标体系和组织体系是两个重要的组成部分，二者的发展都需要一个良好的制度来协调。构建教学质量监控制度体系的重点在于编制一套完备的教学质量监控体系文件，并不断完善该文件。教学质量监控体系文件作为高校各个部门开展教学质量监控活动的"标尺"，其作用也十分突出。一般情况下，我们可以将高校教学质量监控体系文件划分为以下五个层次，每一个层次的内容都非常重要，需要引起重视。

一、教学质量方针

在学校教育中，教学质量方针是高校全体教职员工必须遵守的行为准则，它充分体现了学校管理者的质量理念，是学校总方针的重要组成部分。一般情况下，高校教学质量方针主要包括以下三个组成部分。

第一部分是质量宗旨，质量宗旨反映了高校对教学质量以及教学质量内部监控的态度。此外，它还包括学校对家长、学生、政府和企业等利益相关者做出的质量承诺以及实现这些承诺所遵守的准则。

第二部分是质量方向，质量方向主要体现在质量目标的制订上。

第三部分是教学质量方针与学校总方针之间的联系与区别，教学质量方针的作用与意义重大，在制订教学质量方针时，应该把学校总方针和教学质量方针有机结合，综合考虑学校的发展方向以及有关各方的要求。教学质量方针为高校教学质量的改进指明了前进的方向，是教学质量工作的行动纲领，因此教学质量方针的制订一定要科学合理。

二、教学质量手册

教学质量手册是学校教学和管理工作的重要依据，属于教学质量监控体系的重要内容。它在一定程度上展现出高校教学质量内部监控体系的运作状态。教学质量手册是高校开展教学质量内部监控活动以及制订其他监控体系文件的参考依据，因此具有一定的基础性特征。一般来说，教学质量手册对学校教学质量内部监控体系的描述应该兼具系统性和整全性，以确保教学质量内部监控活动的顺利进行。高校的教学质量手册还应尽量与学校其他标准和规定之间保持一致。与此同时，教学质量手册中的各项规定之间也不能出现矛盾。高校的教学质量手册旨在传达学校的教学质量方针，展示学校教学质量内部监控体系的构成，明晰各主要程序和要求之间的关系，为教学质量监控组织与活动的进行提供重要的文件保障，如果缺少了教学质量手册，教学监控活动就会显得无序，难以有效的开展。

三、教学程序文件

教学程序文件是指由开展教学活动的各种不同途径所组成的文件，这一文件主要显示了高校教学质量内部监控活动的各个环节和各种程序。教学程序文件主要包括两部分内容。一是"5WIH"，即为何而做（why）、做什么（what）、由谁来做（who）、何时做（when）、何地做（where）以及如何做（how）。二是教学质量内部监控活动中使用的工具和原材料以及对教学质量内部监控活动的文件记录。这两方面都非常重要，在构建教学质量监控制度体系时要引起高度重视。

四、教学作业文件

教学作业文件是一种教学质量手册和教学程序文件的支持性文件，也是对教学质量手册和教学程序文件的进一步细化和补充。具体而言，教学作业文件是指高校针对各部门的不同职责和分工而具体规定的各种工作要求和准则，主要用于阐明教学过程或教学活动的具体要求和方法。[①] 教学作业文件应致力于达到各项教学质量活动责任的明确分配和有效落实，尽量避免各部门出现职责上的缺口或重叠。一般来说，教学作业文件主要包括规则和岗位作业指导书两大类。作为教学管理人员，一定要加强学习和掌握。

五、教学质量记录

教学质量记录是指高校所记录的教学质量活动执行情况，用以证明教学质量内部监控体系的有效运行。教学质量记录具有可操作性、可检查性和可见证性等特征，记录的内容中包含了大量的客观证据，从而为教学质量监控活动提供了重要的事实依据，能为教学质量活动起到重要的预防和纠正作用。

除此之外，教学质量记录也为判断高校的教学质量相关活动是否有效提供了重要的参照标准，现已成为高校进行数据决策和制定改进措施的重要依据。

以上就是高校教学质量监控制度体系的五个层次，每一个层次的内容都是非常重要的，缺一不可，需要引起高度重视。

第四节　高校教学质量监控指标体系建设

建立一个教学质量监控指标体系非常重要，它对于教学质量的提高、学校教育的发展都具有重要的影响。作为学校教育工作者，一定要

---

① 张振. 高职高专院校教学质量内部监控体系研究 [M]. 北京：中国矿业大学出版社，2017.

学会和掌握质量监控指标体系建设的方法，确定一个合理、符合教学实际的指标评价标准体系。

一、指标体系的概念与作用

（一）指标体系的概念

在一个评价体系中，评价的全部因素的集合就被称为指标体系。评价即是通过这些指标体系来判断给定的目标是否达到。由此可见，设计指标体系实质是规定评价哪些因素，不评价哪些因素，即将评价所依据的目标具体化、行为化。

实际上，指标体系有广义和狭义之分。上述这一指标体系的含义就是狭义的，它只包含各项指标的集合。广义的指标体系则不仅包含各项指标的集合，而且还包括各项指标的权重系数、评价标准以及各项指标的文字描述。因此，在实施评价工作之前，评价工作者不仅要将评价所依据的目标加以具体化、行为化，而且还要规定好各项指标的权重系统以及各项指标的文字描述。

（二）指标体系的作用

建立指标体系对于教学评价工作的开展至关重要。可以说，它是评价的核心问题。假若没有指标体系，我们的评价工作就会无从入手。其作用不仅决定了人们评什么、不评什么，而且还决定了人们重视什么、忽略什么，这是对评价对象行为的质的导向。首先，指标体系可以使评价变为分项评价，从而有助于克服评价者从自己主观臆想出发的笼统评价，也有助于评价反馈功能的发挥。比如，教师讲课质量的评价可以分解为教学内容、教学方法、教学态度、教学效果等主指标，而每一个主指标又可以分解为若干个亚指标，这样通过每一个亚指标，则可以发现教师的授课哪方面做得好，哪方面不够理想。这样得出的反馈信息才是有效和具体的，对于教学质量的提高才有帮助。

在进行教学质量评价的过程中，要采取各种手段和方法提高评价的客观性和精确性。因为评价是一个价值判断的过程，对一事物做出评价就是对一事物做出价值判断。人们的价值观并不完全一致，因此即使在对事物的客观现状十分了解的情况下，仍然有可能得出不同的评价结果。比如，在教育改革的实践中，有的学校侧重于管理体制方面的改革，有的侧重于教学方法、教学内容方面的改革。评价者若从宏观控制的角度出发，可能会更多地赞扬前者，若从人才培养的角度出发，可能会更多地欣赏后者。由此可见，一个复杂的系统是包含着多种因素的，评价者假若不建立指标体系进行分项评价，则难免眉毛胡子一把抓，造成评价的主观性，以致影响评价结果的客观性和精确性。因此，设计指标体系必须要保证客观性和精确性，这样才能得出合理和准确的评价结果。

建立一个合理的评价指标体系非常重要，在这一体系下，评价工作者可以实现良好的沟通与交流，从而得出理想的评价结果。因为指标体系的建立过程实际上也是人们价值认识取得一致的过程，使人们的价值认识凝聚和统一在指标相应的权重之中。有了一致的价值认识才有可能获得一致的评价结果。因此，只有建立科学合理的指标体系，实行分项评价才能保证是科学的。

综上可知，教育评价的指标体系是开展科学的评价活动的基础，建立科学合理的指标体系是开展评价活动的必要环节。

二、指标体系设计的原则与方法

（一）指标体系设计的原则

在设计高校教学质量指标体系时需要遵循以下几个基本原则。

1．方向性原则

在高校教学质量评价中，评价是指按照一定的教育性质和教育目标进行的，这就牵涉一定的方向性问题，因此我们在设计指标体系时要注意教育的这个大方向。具体而言，就是要体现办学的社会主义方向，体现教育事业发展、改革和提高的方向。比如，我们的基础教育的根本任务是提高民族素质，努力使教育者在德、智、体、美、劳等方面得到全面发展，成为有理想、有道德、有文化、有纪律的社会主义事业的建设者和接班人，这就是我们办学的性质和方向，也是我们培养人才的标准。所以，从哪个方面去评价、如何分配表示重视程度的权数均要有明确的导向，要克服片面性。关于重智育、轻德育，重考试分数、轻素质培养等倾向都是与我们的教育性质、教育目标不相符合的。另外，在平时的教学中，对教师的评价也要克服评价不客观、工作态度不积极的表现，坚持正确的方向，提高教学评价的科学性和合理性。

2．一致性原则

高校教学质量监控指标体系的一致性原则是指标与目标的一致，而不是违背基本的目标。这就要求这一指标体系既是具体的、行为化的，又是反映事物本质的。例如，就德育评价而言，其指标体系应该与国家教委颁发的德育大纲取得一致。德育大纲中明确规定，中、小学的德育目标都包括了思想政治品质、道德品质、个性心理品质、能力四个方面，因此我们在确立德育评价的指标体系时必须以此为依据，对德育大纳所规定的四个方面给予具体化。比如，对学生的思想政治品质方面的评价可具体为政治理论知识、政治态度、理想志向等，而对道德品质方面的评价可具体为遵纪守法、集体精神、公益活动表现、尊重关心他人的态度、艰苦俭朴作风等方面，还可以根据学生的具体行为来确定。总之，指标的确立一定要与目标相一致，不能相违背。

3．系统性原则

系统性原则指的是评价指标体系应具有一定的整体性、联系性和层次性特点，这三个方面缺一不可。下面简单阐述教学质量指标体系设计的系统性原则。

（1）整体性

整体性指的是对评价对象的考核要全面，要从整体上来看，并要求考核的内容要全面，既要有结果也有过程，有人的方面也要有物的方面，有静态也要有动态等。当然并不等于可以忽略一些次要的因素，在实际评价实践中可视具体情况而定。但需要注意的是，决不能以个别指标代替一系列指标，这必然会产生评价的偏差，如用升学率来评价学校工作就会造成学校去追求升学率。如果对教师的评价只看在课堂上讲授如何也是不对的。教育是一个系统工程，它的效果是综合多种因素形成的。如果过分地强调了某一因素就会导致系统的失衡，不利于教学系统的顺利运行。

（2）联系性

联系性是指当评价对象处于更大的系统中时，要注意它与周围的纵向及横向的联系。比如，对学校的评价应该注意到它的学生来源，所处的社会、地理环境等，这些都要在评价体系中有所体现，这样才能保证评价系统的合理性与有效性。

（3）层次性

层次性是指就评价对象的不同类型制定不同的指标体系和评价标准。例如，重点学校与普通学校，城镇学校与乡村学校，经济发达地区与贫困山区等，在要求上有不同的层次，因此在构建教学质量指标体系的过程中要高度重视，不能忽略了这一点。

4．独立性原则

独立性原则是指各项指标之间互不相容，每个指标都独立地提供信息，不能有重叠的关系。那么，为什么评价的指标必须相互独立呢？原因主要有两点。其一，指标若不独立则有重叠，这说明其中有些是冗余的。冗余指标的存在显然对整个指标体系没有意义，而且会增加了整个评价的工作量，因此就降低了评价的可行性。其二，指标若不独立，则在指标体系中，重叠的指标被重复地进行评分，实际上是加大了它的权重。在权重集合中，这种偏差的出现显然会影响了整个评价工作的科学性和精确性。由此可见，独立性原则是设计指标体系时必须遵循的。

5．可测性原则

可测性原则即是使教育目标成为科学研究上的构架，应用操作化的语言来界定它，所规定的内容是可通过实际观测加以直接测量，以获得明确的结论，也即是说使抽象的目标具体化，使它具有直接的可测性。例如，对学生的思想品德来说，我们都知道一定社会的政治思想与道德规范经过德育工作者的教养或学生自己的修养，会成为学生头脑中的意识形态。这种内隐的思想品德是抽象的，它的质和量是无法觉察与度量的，这种头脑中的量变与质变进程是看不见、摸不着的。然而，当这种思想品德在适当的情况下以某种行为表现出来时，则会转化为可以直接观察的东西，即具有可测性了。比如，理想教育是学校德育的核心，对理想教育效果的评价是很重要的一个方面。理想本来就是人类深层的内心世界，是属于深层的心理现象，是不可直接测知的。但我们可以转不可测为可测，即通过外显的行为去间接推断其内隐的实质。因为社会理想结构包含有政治方向、人生观、个性心理品质三方面，同时学生个人理想主要在日常的学习活动中表现出来，所以我们可以从政治思想倾向、人生价值观念、个性心理品质以及学习活动表现四个方面测评学生的社会理想，显然这四个方面是可测的。当然还须对各方面再具体化，尤其是行为的具体化。比如，人生价值观念可对集体奉献精神、公益活动表现、关心他人态度、艰苦俭朴作风、成才报国愿望等具体测评。

倘若探讨一个学科发展的方向是否具有意义的问题。显然，就其本身来说，学科发展方向的意义是不可直接测量的，意义和理想一样十分抽象。但是，我们可以通过研究该学科的发展对其他学科的影响、对社会发展的影响这些外部表现，就能把这一学科发展的意义充分地表现出来。

6. 可接受性原则

可接受性原则要求设计指标体系时应从实际出发，要按照具体的指标进行评价。一般情况下，需要注意以下几个方面的要求。

（1）指标既要体现原则，又要切合实际。比如，学生的思想成长是有过程的，我们不能以德育目标的到达度作为评价的指标，而应该根据发展的进程，从实际出发，定出不同阶段的指标，并且标准不宜订得太高。这种从实际出发提出的指标才是可接受的。

（2）指标应有鉴别力，大家都很容易做到或者都很难做到的指标是无法区分先进与落后、好与差的。所以，设计指标时应该考虑指标的鉴别能力。

（3）设计指标时要考虑有足够的信息可资利用。假若没有一定的信息源，得不到关于指标的足够资料，人们就无法进行评价，所以不具备可行性。

（4）设计的指标要考虑人力、物力、财力以及时间所允许的条件。如果有的指标在进行评价时需要动用大量的人力物力等，而在实践中又很难得到保证，这时就要寻求替代指标或者另作考虑。当然这只是作为一种原则，并不等于对于一些主要的因素不予考虑，对于具体问题还须具体分析。

（5）指标的量化方法不宜过于复杂。有的人过分追求量化，以为用的量化方法越高深越好，这势必会适得其反，一是人们不一定掌握，二是不容易做到，也许要花相当人力和时间。因此，量化要量力而行，使其具有可接受性。

以上几条原则是经过大量的实践证明的可以遵循的规律，是对指标体系设计者提出的具体要求。只要我们严格遵循这些原则设计指标体系，就有可能大大提高指标体系的质量，进而提高整个评价工作的质量。

（二）指标体系设计的方法

1. 目标分解法

根据设计指标体系的一致性原则，指标必须要与目标保持一致。因此，我们可以通过分解目标的形式，把目标分解为若干个主指标。由于教育现象的复杂性、多面性，决定了教育评价是一个多维的系统工程，这就要求科学的评价指标体系应当是纵横结合、动静结合的立体模式，而目标分解法正可以帮助我们解决这一问题。比如，对于一些比较复杂的教育活动，对目标的一次分解可能并不能达到可测性的要求，因此还可以对每一个主指标再分解为若干个可测的亚指标，必要时还可以再将亚指标分解为次亚指标，即将目标加以分解再分解，以形成一个完整的、可行的评价指标系统。

例如，对教师授课质量这一目标，我们可以分解为教学内容、教学方法、教学态度、教学效果四个主指标，而每一个主指标又可以分解若干亚指标。

又如，对办学成效这一目标，我们可以分解为学生学的质量、教师教的质量、管理质量以及办学特色四个主指标，而每一个主指标又可以再细分，如学生学的质量分解为德、智、体等，教师教的质量分解为思想工作、课堂教学、课外活动等。

2．布鲁姆的"分类学"法

美国著名的教育测量学专家布鲁姆为了测验的需要，首先把教育目标分为认知领域、情感领域和动作技能领域，并具体提出了认知领域的分类。后来他又与其他人相继提出了情感领域以及动作技能领域的具体分类。这三个领域中的每个领域都由简单至复杂，以某些终点行为为标志的不同层次。

布鲁姆等人的分类学目前已被各国教育评价者和教育测量学者普遍接受，它不但开拓了人们对教育目标分类学及层次的认识和研究，而且许多著名学者参考布鲁姆等人的分类方法，再结合各具体教育领域和各学科的具体实际进行探讨。

实际上，布鲁姆的认知领域相当于我国的智育，情感领域相当于我国的德育和美育，动作技能领域相当于我国的体育和劳育。因此，我们在设计评价德、智、体、美、劳诸方向的指标体系时，也可以应用布鲁姆等人的分类与方法进行。比如，对于学科学习情况的评价则可按照识记、理解、应用、分析、综合、评价六类进行，即是说可按这六个方面测验评价学生。

3．问卷调查法

问卷调查法是设计者将需要设计的指标，以问卷的形式编成表格，发送给有关人员填写的一种获得信息的方法，即要求答卷者从中选出或对指标排序、补充等。

4．多元统计法

多元统计法是通过因素分析、主成份分析等方法，从较多数量的零乱繁杂的初选指标中，找出关键性的指标或确定某评价项目的基本结构，这是一种结论性的定量设计方法。其主要优点是具有逻辑的设计意义，科学性强，能压缩简化指标，减少实际评价时的工作量，排除指标间的相容性，从而建立定性与定量结合的评价指标体系。但是，这种方法必须通过处理大量的数据和信息而得到结果，所以必须采用电子计算机和统计软件包，需要一定的技术力量和技术条件，不过花费的人力、财力并不高。

由于多元统计各种方法的基本概念、原理和计算比较复杂，故在此省略。读者可参见、参考有关文献。这里主要介绍因素分析的一个应用实例。

因素分析是多元统计的方法之一，它的主要作用是将较多数量的因素压缩分类，把相关性较高而联系比较密切的因素分在同一类中，而不同类的因素之间的相关性较低。那么每一类的因素实际上就是一个指标或一个基本结构。其主要工作程序如下所述。

（1）根据搜集的数据资料求出各因素间的相关矩阵。

（2）从相关矩阵中抽取适当数目的共同因素。

（3）做因素轴的旋转。

（4）因子（即指标）的辨认和命名。

三、指标评价标准的确立

指标评价的标准也可以说是教育评价的标准。它是对评价对象的数量和质量进行测评的准则和尺子。

一般情况下，指标评价标准的形式主要有以下三种。

一是指临界点，如及格的标准是 60 分。

二是指一种规定，这种规定既可以是定性的准则，也可以是定量的数值。例如，学校设备条件好的标准是能很好地满足教学需要，学生自我要求发展水平优的标准是处处用高标准严格要求自己，说到做到，言行一致。

三是指用来衡量其在实际应用中，往往会根据需要把定性标准与定量标准有机地综合起来。例如，学校设备条件这一指标就可以把前面的定性标准和定量标准结合在一起。

教育者在制订评价标准时，必须要结合相关的教育理论，以教育性质和教育目标为依据，并根据综合评价的具体目的和评价对象总体的状态等因素制订出合理的标准，按照这一标准才能取得理想的评价效果。

（一）指标评价标准制订的原则

制订教学质量指标评价标准时需要遵循以下几个基本原则。

1．方向性原则

方向性原则是指评价标准应对教育活动起导向作用，如对办学的性质、培养人才的质量规格等，都应从评价标准中体现明确的方向性，以使评价工作达到预期的目的。

2．时效性原则

时效性原则是指评价标准应该有时代精神，应该符合新时期对教育提出的要求。例如，评价学生，过去是把听话作为好学生的重要标准，而在全面素质教育的今天，则非常重视学生的个性发展与创造力。

3．客观性原则

客观性原则是指评价标准在不同的情境使用，或者由不同的评价者使用时，所得到的评价结果都具有高度的一致性。也就是说，评价标准要能够反映评价对象同一的客观本质。

4．可行性原则

可行性原则指的是评价标准既要体现原则又要切合实际，既要符合统一要求又要符合评价对象的总体状态。假若按照同一标准要求去评价各种不同层次的对象，即使评价结果再客观，人们也是难以接受的，是不具备可行性的。所以，应该根据不同层次、类别的评价对象制订相应的评价标准。比如，在教育评价标准方面，对不同年龄、不同年级的学生就应该有所不同，应该分阶段、由浅入深地提出高低不同的要求。同样，对中学教师和大学教师的课堂教学评价标准也应该有所不同。

5．激励性原则

激励性原则指的是评价标准应该对评价对象起激励和调动积极性的作用，使评价对象有更加明确的奋斗目标，激发干劲，增强责任感，但必须防止评价后出现泄气、怨气，积极分子受孤立等消极现象的出现。

（二）制订指标评价标准的步骤

在制订教育评价标准时，可以按照以下四个步骤进行。

（1）成立评价标准编制小组。本小组的主要成员由执行评价标准的

人员、有关的领导和被评价的对象代表组成。

（2）制订评价标准草案。制订这一草案时首先要做好必要的文献调研、现场调研等，以确保标准草案拟定的正确性。

（3）对草案预试及征求群众意见。预试的单位应选择有代表性的，征求意见可采用开座谈会、个别访问以及问卷调查等方法。

（4）修订评价标准草案。在修订评价标准草案时还要听取群众的意见，这一工作应该在认真分析预试结果以及群众意见的基础上进行，这样才能更好地根据实际情况修订草案，使之更加合理。

第九章　高校教学质量
信息检测反馈系统的建设

第一节　教学质量检测反馈系统的重要性

为保证高校教学质量，建立一个教学质量检测反馈系统是非常重要的。系统论控制论认为："及时取得反馈信息是系统优化的重要条件。"反馈是控制论中一个非常重要的概念，是指在控制系统中把信息输出去，又把信息作用的结果返回来，对信息的再输出产生影响，从而可以不断地纠正偏向与失误，起到调整控制的作用，达到优化系统结果的目的，这就是反馈原理。

在学校教学活动中，教师和学生是重要的主体，其中学生是教学活动的核心，而教师与学生之间的信息互动是非常重要的，这种信息交流的情况进行的如何，要靠反馈来表现。反馈是调节课堂教学活动的重要机制，因为只有通过反馈回来的信息，教师才能对以后的活动进行调节和控制，从而保障教学活动的顺利进行。如果在教学过程中，教师非常重视教学反馈信息的收集，分析反馈意见，不断地进行教学改革，一定能获得良好的教学效果。由此可见，建立一个科学有效的教学质量检测反馈系统对于提高教学质量具有重要的意义和作用。

第二节　教学质量检测反馈系统的构成

教育质量检测信息是指教育教学实践中能反映教育质量的各种数据、报表和凭据。建立灵敏的教育质量检测信息反馈体系，可以使高等学校及时收集和分析教育教学实践中的各种信息，为学校决策者提供依据。

在高校教学中，以日常教学检查与专项评估为契机，以教学督导、学生教学信息员及用人单位为依托，加大反馈和调控力度，不断改进教学工作，促进教育教学质量的提高。

前面已经分析到构建一个教学质量检测反馈系统非常重要，那么这一系统的构成要素都有哪些呢？下面就做出具体的分析。

一、常规教学检查反馈调控

常规教学检查反馈调控是这一系统的重要构成要素，其主要作用是及时查找和纠正学校教学工作中存在的各种问题，并对这些问题展开详细的研究与分析，推动教学工作的持续改进，为教学质量的提高提供必要的保障。

二、专项评估反馈调控

专项评估反馈调控是这一系统的重要构成要素。在新的教育背景下，我们要坚持"以评促改、以评促建、以评促管、评建结合、重在建设"的方针，充分发挥各类专项评估的导向作用，进一步加大督促整改的力度，切实规范教学管理，不断提高高校教学的质量，推动高校教育的不断发展。

三、学生教学信息反馈调控

学生是学校教学活动的重要主体，因此学生教学信息反馈也是至关重要的。以学生教学信息中心为载体，及时收集、整理学生的意见和建议，坚持执行学生教学信息员制度，并反馈至个人，促进教学改革的深化与教学质量的提高。

四、教师课程教学质量评价反馈调控

教师在教学活动中主要起重要的指导作用，其在教学中扮演着非常重要的角色。通过科学设计评价方案，进一步加强教师课程教学质量评价结果的应用，充分发挥其正面导引作用，促进教师改进教学方法和手段，提高教学水平。

五、人才培养质量反馈调控

人才培养质量反馈调控也是这一系统的重要构成部分。人才培养质量反馈调控的主要作用是了解用人单位对毕业生的看法以及社会对高校人才培养的意见和建议，及时调整人才培养方案，使高校各专业人才培养方案与社会需求保持动态的适应性。

第三节　教学质量检测反馈系统的运行

一、教学质量检测反馈系统运行的途径

随着学校教育的不断发展，教学质量检测系统也越来越完善。在这样的情况下，教学反馈信息的途径也呈现出多样化的趋势，其中有课堂过程教学中的信息反馈、作业反馈、考试成绩反馈、督导专家和同行教学建议反馈、学生评教、实习单位反馈等。教师应对反馈信息进行收集、分析，吸收反馈信息的有效成分，从而为教学质量的提高提供必要的参考依据。

（一）课堂教学过程中的信息反馈

一般来说，课堂教学反馈信息一般有言语反馈和非言语反馈两种方式，这两种方式在课堂教学中都比较常用。在具体的教学过程中，教师要善于捕捉学生的反馈信息，从而调节课堂知识传授的节奏，以实现课堂教学的实效性。在教学过程中，课堂提问是最直接获取教学反馈信息的方式，具有极其重要的作用。它可以激活学生的思维活动，并对学生起到一个思维桥梁与导向的作用，帮助学生找到思维的方向。同时，提问是教师捕捉反馈信息的有利时机，课堂质量提问可以形成师生之间信息交流与情感交流，从中可以反馈教师输送的信息量是否符合学生的认知水平，是否需要调整教案。在教学活动中，教师要眼观六路、耳听八方，善于观察课堂的整个教学气氛；观察学生的表情、体态与动作之间的关系；观察学生的学习过程、学习方式与习惯，倾听学生的表达，及时捕捉动态信息。在课程结束后，教师要通过辅导和交谈的形式得到学

生消化知识后的反馈信息，从而为今后的教学提供重要的参考。

（二）教学专家和同行的课堂教学评课的活动反馈

一般来说，课堂教学评课有同事之间互动学习、共同研讨评课，有督导专家鉴定或评课等。通过这些反馈活动能得到一些有效的教学信息，为教学质量检测系统的建设提供重要的依据。

（三）学生评教

学生评教是指学生根据教师的教学经验、教学能力、专业水平、教学态度、教学效果以及与学生的关系等进行评价的一种活动。

学生评教也是教学质量检测反馈系统重要的一部分。总体上来看，学生评教结果能较好地反映教师教学及各方面的情况，还可以使教师获得大量的反馈信息，及时了解自己教学中的优势和不足，从而优化教学手段与方法，采取符合现代教学要求的模式进行教学，这样有利于提高教学的质量。

二、教学质量检测反馈系统运行——以学生学业预警机制为例

关于教学质量专项评价或评估的结果，由学校或教务处以文件形式反馈给评价对象及有关领导和部门。评价结果作为评优、评先、奖励晋级的重要依据，以形成有效的激励和奖惩机制，如学业预警就是一个很好的例子。

通过学生学业预警，学校可以及时了解学生的学业情况，并做出及时的预警提示，采取有针对性的措施促进学生的发展和提高。下面主要通过研究学生的学业预警来分析教学质量检测反馈系统的运行情况。

（一）学生学业预警机制构思

建立高校学生学业预警机制并不是一件容易的事情，它的成功建立与有效实施需要学校各个部门共同努力，同时需要学生与家庭的相互协作。因此，必须建立一套完善的工作体系，其中包括高校最高学生工作的领导、辅导员与任课教师，由高校领导负责对整个工作体系进行协调管理与监督，同时任课教师与辅导员共同对学生的学业情况进行监督管

理，以达到对学生学业情况随时监测、分析、应对的目的。

对于学校教育部门而言，要想建立一个科学有效的学生学业预警机制，首先就要充分了解与分析学生的具体情况，与各方面配合，及时调整与完善教学质量反馈系统。

1. 动态过程管理预警模式建立

在具体的操作过程中，可以定期或不定期地统计学生的学习情况，对进入学业预警范围的学生进行分类，这样能采取有针对性的措施解决各种问题。

2. 构建学业预警信息系统

对于那些受到学业预警的学生而言，不但要向其本人做出学业情况的相关警告，还要将这一警告制作成书面形式的学业预警通知书，并通过通信手段将学生的学业预警通知告知家长。这样可以使得学校与家庭两方面都及时地了解到学生当前的学业状况，从而采取各种手段与措施共同促进学生的发展和进步。

高等院校所构建的社会、学校、家庭、学生关系图如图9-1所示。[①]

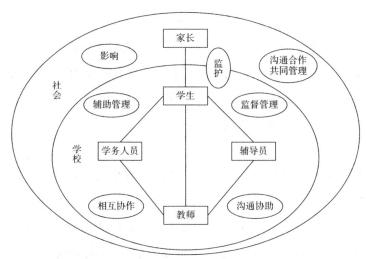

图9-1　高校所构建的社会、学校、家庭、学生之间的关系

①　梁育科，苟灵生等. 高等院校内部教学质量保障体系研究与实践［M］. 西安：西安交通大学出版社，2016.

（二）学生学业预警的效果

（1）通过学业预警机制能很好地监控学生的学业，提高学生的自主学习意识和能力、端正学习态度、深化学生对学业的认识，从而引导学业获得良性发展。

（2）通过学业预警机制能帮助大学生正确认识和处理学业危机，确保学生在规定阶段内顺利完成学业，从而为将来走向社会、适应社会奠定基础。

（3）加强学业预警在对学生学习过程中的管理，促进高校学业管理由"事后处理型"向"事前事中预防型"转变。

（三）制订学业预警制度的措施

根据以上学生学业预警制度的设计思路，我们可以制订出有效的学生学业预警制度，这样能对学生在学业上随时可能出现的各方面问题采取及时的措施加以应对。

1．制订流程

在具体的操作过程中，学校教务部门随时监督学生学业的发展状况，将学生的学业情况随时发布给直接管理学生校园学习生活的辅导员。辅导员要及时与家长、任课教师等人员进行协商，分析学生的问题所在与造成问题的原因，再根据不同学生的不同原因，从实际角度出发，制订科学高效的应对策略，对学生进行学业帮扶。同时，记录相关数据，以便相关部门进行管理。

2．制订步骤

为便于更好地理解学生学业预警机制，我们可以将其分为以下几个制作步骤。

（1）统计预警名单。在学校教育中，每学期期末考试结束后，辅导员与任课教师进行沟通，根据学生本学期的学习成绩做出相关分析研究。开学补考后，再对学生成绩及学分取得情况进行分析研究，然后制订出学生学业预警通知名单。

（2）学业预警谈话。根据学生学业预警名单，辅导员或任课教师应当与学生进行交流，通过交流与分析可以使辅导员与任课教师及时发现学生出现学业问题的原因所在。对于预警级别较轻的学生，指出普遍存在的问题并提出要求即可。对于受到严重学业预警（如红色预警）的学生，辅导员与任课教师要对其进行个别谈话，指出其在学习上存在的问题以及可能会造成的后果。仔细询问导致学业问题所产生的原因，并做出进一步的分析，然后采取有针对性的措施和手段加以解决。

（3）实施帮扶计划。通过平时的观察与分析，辅导员与任课教师基本掌握了学生的学习情况，也了解了学生学业情况的原因。在这样的前提条件下，可以根据不同学生由于不同原因而产生的情况制订以下帮助措施。

第一，对于那些仅仅是学习方法上有困难的学生，可通过任课教师加强辅导答疑、作业批改等环节，及时解决学生学习过程中的困难。

第二，可以采取生生之间的帮扶措施，安排学习成绩好的同学对其进行辅导，帮助他们提高学习成绩。

第三，对于心理有障碍或有其他问题的学生，应及时与其进行交流与沟通，对其进行必要的心理疏导，帮助他们克服困难，实现学习目标。

（4）联系家长。一般情况下，高校可以通过通信手段将学生学业预警通知单以适当的形式交给学生家长，帮助家长了解孩子在校的学习情况，共同商定应对策略，教师与家长相互配合，共同做好学生学业改善工作。

（5）建立预警管理档案。高校可以建立一个学生学业预警管理档案，并且随时对档案进行实时更新管理。高校可由此全面系统地了解学生，随时跟踪了解学生在校的学业情况，实时跟踪、实时关注，及时发现问题、提出问题、解决问题，这样能为学生学业水平的提高提供重要的帮助。

第十章 高校教学质量决策实施系统建设

第一节 教学质量保障支持系统

在学校教育中，为保证教学质量，构建一个质量保障支持系统是尤为必要的，这一系统涵盖的要素非常多，如教学指导委员会、教务处、教学系、相关职能部门、学生信息员队伍等。每一个要素都非常重要，在构建这一系统时都要充分考虑到。

一、高校教学质量保障体系的结构

在制订高校教学质量保障体系时，首先要明白质量保障体系内的基本内容和结构。其内容主要包括输入质量保障、过程质量保障、输出质量保障、系统效率保障。输入质量主要包括教育目的、质量文化、生源、师资等方面。过程质量包括课程建设、教学方法、师生关系等方面。输出质量包括社会输出质量（如学生毕业率、就业率等）、学生学习质量两个方面。系统效率主要包括师生比、生均培养费用、时间效率、综合效率等方面。各高等学校必须根据社会需求，自身定位和教育本身发展规律，采取有效措施。最后，根据本校的具体实际制订一个适合自身特征的教育质量保障机制，在这一教育机制的保障下，学校教学活动才能顺利进行，才能取得理想的教学成绩。

高校内部质量保障体系结构如图 10－1 所示。

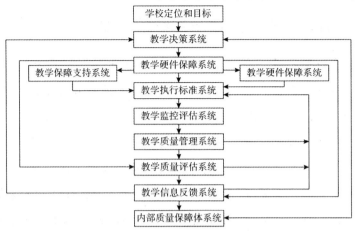

图 10－1 高校内部质量保障体系结构

我们主要根据质量保障体系的特点，对质量保障体系的基本模型做出一个简单的设计，并对其各个系统进行简要的分析。

依据高校教学质量保障体系的功能及各构成要素可以确定质量保障体系的结构框架，这一框架如图 10－2 所示。

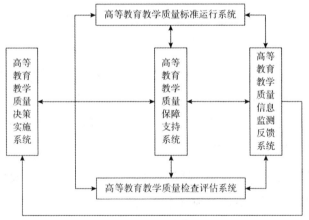

图 10－2 高校质量保障体系的结构框架

由图 10－2 可以看出，教学质量保障支持系统是整个系统中的中心环节，它与其他环节之间的联系都非常紧密，相互作用、共同影响，从而推动着教学质量的发展。教育质量信息检测反馈系统作为整个系统过程中的最终处理环节，不仅反馈整个教育质量保障系统，同时对于教学质量的决策实施系统具有重要的作用。

二、高校教学质量保障系统的建立

要保证教学质量，建立一个可靠的教学质量保障系统是至关重要的，这一系统的建立不是一件容易的事情，要涉及方方面面的因素，教学管理者要认识到这一点，事先做好充分的准备。

在建立高校教育质量保障体系的过程中，首先就要协调教育质量保障主体之间的关系，建立分工协作的教育质量保障主体。高校教育质量内部保障需要高校内部全员参与、全过程参与，并建立多个机构和组织，共同完成质量目标。在人员的参与上，应以专门的教学管理人员、教学督导员、教学信息员等为主。在机构的组建上，应以教务处为中枢，协调好教务处、院系和教研室等机构之间的关系。所有的质量保障主体既分工又合作，使质量保障工作有章可循、有条不紊。这个方面必须通过教学制度建设实现，通过制度规范，使各个保障主体职责明确。这样通过学校多个质量保障主体相互协作，从而调动全体教职工的积极性，同时要激发学生的能动性，师生合作、全校合作，共同提高教育质量。

高校教育质量保障体系主要由外部质量保障与内部质量保障两个部分构成，其中外部质量保障重视基于中介组织的评价，内部保障更多关注质量的审计与改进。通常情况下，可以采用以下四种模式：一是"内部教学质量保障体系"建设的系统构成，二是"内部教学质量保障体系"建设的理论设计，三是"内部教学质量保障体系"建设的系统目标，四是"内部教学质量保障体系"建设的运行模式。

要想促进高校教育质量的提高，必须要顺应时代发展的潮流，加强教学课程改革，不断培养和提高大学生的综合素质，同时要加强教学评估，发挥教师提高教学质量的重要作用。建立保证内部教学质量保障体系由五个子系统构成：教学决策指挥系统、教学保障支持系统、教学执行标准系统、教学监控评估系统和教学信息反馈系统，这五大子系统全面体现了教学质量保障体系的结构、内涵、任务和功能，共同构成了相对完整和循环闭合性的质量保障体系。内部教学质量保障体系的保障支持系统构成如图 10－3 所示。

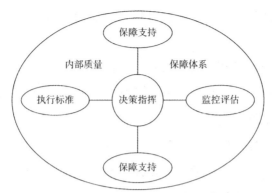

图 10－3　高校内部教学质量保障体系的保障支持系统构成

以整个教学过程为例，可以将教育保障系统分为以下几个部分。

（1）环境：包括课堂、教师以及学校。

（2）运行：运行过程中所监测的内容大致包括教学态度、教学内容、教学方法、教学效果。

（3）结果：对所保障的教学过程进行监测，所得到的结果大致分为优、良、及格、不及格。

（4）反馈：通过教学质量保障系统将所得出的教学评估结果反映到保障系统。

高校教学质量保障体系的建立对于学校教育的发展具有重要的意义，这一保障体系充分吸收和借鉴了高等教育质量管理的经验，将高等教育质量保障的研究成果系统运用于教学管理中。院校在具体建设中应当在总结已有本科教学经验的基础上，全面完善教学评价体系，以此为基础建立全面的教学质量保障体系，这样才能促进教育质量的提高。

在建设高校教育质量保障体系的过程中，我们可以设计以下工作技术路线。

第一，系统梳理和筛选本科教学评价的各种技术方法，尤其是高等教育质量保障体系建设的理论与方法。

第二，分析内部教学质量保障体系教学质量生成过程和关键质量控制点。

第三，通过技术组合形成教学评价的方法体系。

第四，在评价基础上构建教学质量保障的体系框架，并形成完善的质量保障与监控体系。

第五，推动本科教学质量管理体系的完善。

第六，调查分析本科教学现状，然后从制度、程序、规范、文化等方面查找各质量控制点的质量管理漏洞。

第七，将这样的体系运用于教学管理，并不断完善这样的体系。

为建设一个科学、有效的教学质量系统，我们可以结合学校的具体教学实际设计一个质量保障监控与评估系统，如教师的评教系统和学生的学业预警系统，特色鲜明，与兄弟院校开展交流，为教学改革提供客观数据，提高教学效果，为教学改革提供了大量的可靠数据，推进了教育教学改革深入发展，提高了教师的教学优良率和学生学习的积极性。从理论和实践效果来看，学生培养的质量和教师授课的质量有效提升。另外，高校教学质量保障体系的建设并不是一朝一夕的事情，而是一个长期的不断完善的过程，需要学校全员参与、全过程管理监控，共同推进教学质量的提高。

综上所述，建立一个高校教学质量保障系统需要从以下几个方面进行。

（一）党委、校行政

在高校教学质量保障体系的建设中，学校党委、校行政要明确学校定位及办学思路，牢固本科教学的中心地位，保证相应的"人、财、物"的投入，制订教学质量保障的政策和制度，组织建立调整教学质量管理和监控的组织机构，对影响全校性教学的重大问题进行合理的调控，以保证教学活动的顺利进行。

（二）教学指导委员会

教学指导委员会要从宏观上总体把握全校教学质量保障工作的方针、政策，对提高学校教学质量提出指导性意见和建议，审定教学质量管理的各种标准和办法，接受教学质量信息反馈，调控影响教学质量的因素，从总体上保障教学质量管理工作的顺利进行。

（三）教务处

教务处的主要职责是保证学校教学质量管理工作的正常运转。教务处负责制订或修订教学管理的有关规定、人才培养方案和教学计划等政策性指导文件，制订或修订教学质量管理的有关文件，组织安排教学运行中的质量调控，开展经常性的教学质量调查研究与检查，组织开展教学工作交流等。

教务处的具体职责主要有以下几个方面。

第一，负责制订质量管理方面的各种规范性制度、各环节质量标准和工作计划。

第二，组织全校性的教学检查和专项评估工作。

第三，组织实施和落实各级领导的听课制度。

第四，做好教学信息整理、统计、分析和反馈工作。

第五，建立和完善教学质量监控与评价体系的档案管理工作。

第七，组织质量监控工作会议、座谈会、问卷调查等。

第八，做好教学质量管理备案和总结等工作。

（四）教学系

教学系是学校教学质量保障体系的重要环节之一，其具体职责主要有以下几点。

第一，建立健全本单位质量保障组织体系。

第二，制订本单位质量工作计划及具有可操作性的具体实施方案和有关规定。

第三，组织本单位的教学检查、评估、督导等工作。

第四，负责本单位的教学质量监控与评价工作。

第五，加强本单位的教风、学风建设。

第六，坚持听课制度，并督促、组织实施。

第七，建立和完善教学管理档案。

第八，组织召开教师、学生座谈会议等。

第九，做好日常统计分析、总结日报、信息反馈、调控落实等工作。

（五）各相关职能部门

教学质量管理相关职能部门应认真履行本部门工作职责，做好教学质量保障工作。校实验中心负责对全校实验室建设进行监控和评价。人事处负责对全校教师培养进行监控与评价。学生工作处、学生工作部、院团委负责对全校学生学风监控与评价。各相关职能部门对分管的教学质量管理工作开展调研，并反馈信息。

（六）教育教学督导委员会

教育教学督导委员会在分管校长的领导下，对全校的教学秩序、教学质量及教学工作状态进行监督、检查、评估和指导，依法开展"督教、督学、督管"活动。教育教学督导委员会的具体职责包括以下几个方面。

第一，监督学校的日常教学管理工作。

第二，加强与青年教师的联系，帮助青年教师提高授课质量。

第三，对各院（系）教师进行教学质量评价。

第四，交流、研讨学校教学工作状况，并提出意见和建议。

第五，通过对教学管理的检查，促讲教学管理的规范化建设。

（七）学生信息员队伍

为了保证教学目标的实现，促进教风、学风建设，可以在学生中聘任学习态度端正、成绩优秀、诚实公正的学生担任信息员，这也是教学质量保障体系中重要的一环。一般情况下，学生信息员的主要职责有以下内容。

第一，负责教学过程中的信息收集工作，定期填写教学信息反馈表。

第二，统计教师的教学情况、学生的学习情况。

第三，定期或不定期地客观地向教务处反馈教学情况，并提出意见和建议。

第二节　教学质量标准运行系统

对于高校而言，在建设教学质量保障体系的过程中，应通过不断完善教学信息员制度、教学督导制度、教学考评制度等制度，使学校和广大教师及时发现教育教学实践工作中存在的问题，不断改进教育方式，提高教育质量。

建设一个合理有效的教学质量保障体系能使教学管理透明化，把"课堂教学听查课""期中教学检查""最满意教师评比""青年教师导师培养""教学观摩与交流""考风考纪检查""学籍管理"等情况及时在校园网上公布，达到教学监控的作用。

建设一个合理有效的教学质量保障体系能使教学过程流程化、标准化。在内部教学质量保障体系中，把"课堂教学设计""备课""教学互动""考试""实验教学""观摩教学""讲课比赛"等教学环节以标准流程的形式，在校园网上共享，从而实现促进教学质量提高的目的。

在构建教学质量保障体系的过程中，计算机的运用越来越广泛。其中云计算是一个提供便捷的可以通过网络访问一个可定制的计算资源共享能力的模式。这些资源能够快速部署，并只需要很少的管理工作，或与服务供应商很少交互。内部教学质量保障体系就在这样的背景下产生了。

一般来说，高校教育质量的评估主要是评价学校的办学思路和办学传统与特色，评价学校人力、物力、财力的投入及效果，评价学校的专业建设、教学改革及效果。总体而言，主要包括教学过程评估和教学效果评估两个方面。

要建立一个科学完善的教育质量保障体系，还要建立一个完美的自评机制。首先，建立一个教育质量评估队伍，确保高等学校教育质量建设在国家统一要求的前提下，实现教育质量的特色化。教育质量评估队伍应由学术造诣高、立足教学前线、教学经验丰富，同时具有高等教育评估的理论与方法、道德高尚的人员担任；教育质量保障工作的基础不仅保障教育质量，还保障工作的顺利进行。其次，建立教育质量的激励机制。通过激励机制的运用，使教师树立教研教改的意识，激发其提高教育教学质量的热情，促使其不断改进教学手段与方法，提高教学质量。

高校可以结合本校的具体实际，建立一个切实可行的激励机制。教学过程与教学效果是重要的两个方面。教学过程是否扎实，直接影响到教学效果和教学目标的实现，而教学效果又客观地反映出教学过程实施程度及在教学中存在的问题。从两者的关系来看，良好的教学效果要靠教学过程的有效实施来保证，教学过程的实施程度又为保障教学质量奠定良好的基础。

教师教学质量的评估是非常重要的一方面，在具体的评估过程中，要对教师教学活动的各个环节执行情况进行连续性评估，如教学计划评估、教案评估、授课评估等内容。只有如此，才能保证教学质量保障体系的顺利运行。

一个完整的教学质量标准运行系统主要包括学生信息与教学评估信息两个方面，下面就对此做出具体的分析。

一、学生信息

学生信息是指学生教学信息的反馈调控。坚持执行学生教学信息员制度，以学生教学信息中心为载体，及时收集、整理学生的意见和建议，并反馈至个人，促进教学质量的发展和提高。

(一) 学生评价信息

在学校教学中，学生是教学活动的主体和核心，是教学质量评价信息的重要来源。通过召开学生座谈会、学生信息员定期不定期反馈、学生评教、校长信箱、教务处处长信箱等途径，了解学生对教学各环节的意见和建议以及对教师教学质量的评价。

（二）学生学习质量评价信息

学生学习质量评价信息主要是指对学生学习质量的评价，主要包括学生学习过程的评价和学生学习结果的评价两个方面。通过主讲教师、本科生导师、主管学生工作的副书记、辅导员等，多途径、全方位了解和掌握学生的学习状态和学习风气，并通过期末考试全面分析学生学习的效果，过程评价与结果评价相结合能很好地评估学生的学习情况。

（三）毕业生质量跟踪调查信息

毕业生质量跟踪调查信息即采取普遍调查与抽样调查等多种形式，跟踪调查毕业生质量信息。毕业生跟踪调查由招生就业处和学生处负责，各院（系）配合完成。例如，跟踪调查后，应写出调查报告，向院校领导汇报以及向各教学系反馈，以检验人才培养工作，为人才培养方案修订和课程结构优化提供依据，使培养出的人才更加符合现代社会的潮流，适合现代社会职业的需求。

二、教学评估信息

在高校教学质量评估系统中，教学评估信息属于教学质量标准运行系统的重要组成部分，作为设计者要科学设计评价方案，进一步加强教师课程教学质量评价结果的应用，充分发挥其正面导引作用，促进教师改进教学方法和手段，提高教学水平。

一般情况下，教学评估信息主要包括以下几个部分的内容。

（一）校领导评价信息

在学校教育实践中，有关院校领导要深入教学管理部门、所相关联的教学系、课堂、教室、实验室以及教师和学生中，通过听课、座谈会等形式，全面了解教学运行状态信息，及时发现和解决教学中存在的问题，保证教学活动的顺利进行。

(二) 教育教学督导员评价信息

高校相关领导要在每学期定期或不定期地到教师现场听课，并填写听课记录表，最后做出必要的评价。另外，学校领导还需要了解授课教师，特别是青年教师教学基本情况，积极进行指导，并向教育教学督导办公室反馈教学信息。不定期对实验、实习、毕业论文（设计）等进行专项检查和督导，争取收集到更多的有用的评估信息。

(三) 教师教学评价分析

在学校教学中，教师的教学评价是必不可少的。评价活动在每学期期末举行。课堂教学质量评价主要包括教师的教学态度、教学基本技能、教学方法、教学内容和教学效果等。实验、实习教学评价从过程和结果两方面进行评价。如果评价不当还会挫败教师教学的积极性。

教师是教学活动的主导，起着重要的指导作用。在学校教学中，通过有效的教师教学质量评价，尽可能以存在的问题为导向，并产生正确的导向和激励作用，调动教师教学工作的积极性，促进教学内容和方法的改革，不断提高教学质量。

通常情况下，可以将教师的教学评估分为优秀、良好、合格、不合格四个等级，其中优秀为总分在 90 分以上，良好为总分在 80~89 分，合格为总分在 60~79 分，不合格为低于 60 分者。

(四) 高等教育教学质量评价指标体系的设计原则

高校教学质量评价指标体系的构建要坚持系统性、公正性、应用性和导向性四大原则。这样制订出的评价指标体系才是科学的、合理的。

1. 系统性原则

我们在设计具体的评价指标时，要尽量保证各项一级指标间既要相互关联，又要相互独立。为使评价者和受评者明确评价目的，我们在每个二级指标后面都列出了主要观察点，并给出了明确的内涵和科学的解释。在整个评价指标体系编制完成后还要进行指标遴选、指标权重设置，以保证整个评价体系的完整性和系统性。

2. 公正性原则

在设计评价指标体系时，我们一定要保证设计的公正性，否则整个教学评价就失去了应有的意义，评价活动也是无效的。因此，我们首先要保证被选择的各项一级指标对评价对象而言具有可比性，因为可比性是保证公正性的前提。符合可比性条件要求的指标必须通过严格的论证和横向的比较，确保评价指标的合理性。

3. 应用性原则

学校教学评价指标体系的设计要坚持理论与实践相结合、主观与客观相结合的应用性原则。在制订的过程中，一定要符合教育规律和客观实际，脱离现实的评价指标是空洞的，是经不起实践检验的。因此，指标的选择要简单、实用、易于操作、繁简适中，这样才有利于评价活动的开展。

4. 导向性原则

一个良好的评价指标能起到重要的指引作用。因此，为确保被选择的指标具有持续性、导向性功能，我们在研究制定各项评价指标的时候，往往把导向放在首位，用发展的眼光看待评价指标的设置问题。评价的目的不是单纯评出名次及优劣的程度，更重要的是引导和鼓励被评部门向正确方向和目标发展，这样才能发挥评价工作的导向功能，保证教学评价活动的顺利进行。

以上评价指标体系的几个原则都是经过反复的实践证明的事实，根据这些原则能制定出可视性、可比性、可操作性、可持续性的评价指标，这为各项评价的开展打下了坚实的理论基础，也为受评部门改进工作指明了方向。

在具体的学校教育中，由学生个人的需要所形成的动机是促使一个人学习成功的十分重要的因素。高校课程中充分考虑学生个人的志趣、爱好和职业志向，是保证高等教育质量的一个不容忽视的方面。随着市场经济体制的逐步确立和由此产生的高等教育体制上的变革，学生自主择业、双向选择和自费上学的体制的逐步完善，也都会在相当程度上要求高校课程必须考虑学生的各种需要。

高校课程改革的新的研究成果使高校的课程编制者和广大教师对整个教学过程或其中的某些方面有了新的认识，从而在一定条件下会促使人们探索新的方式方法或建立新的课程目标。例如，心理学对人在无意识状态下学习的效果的研究，导致了暗示教学方法的探索。再如，对传授知识和培养能力关系的进一步认识，导致了以能力培养为主旨的教学体系的尝试。在当代，教育学、心理学研究也为学校课程改革研究提供了重要的思路与对策，使得教学课程改革的进程在逐步加快。

一个国家或一所高校的课程改革常常是内外部因素、共同因素与特殊因素相互交织在一起而发生作用的，我们往往是既要解决共性问题，也要解决个性问题，既要跟上时代步伐，满足社会各方面的需要，又要遵循教育自身发展规律，按照自身逻辑做出改变。也正因如此，高等学校课程改革显得格外复杂和艰巨。同时，这为高等教育理论研究展示了光明的前景，特别是高等学校课程研究，将会是一个大有作为的研究领域。

在当今社会背景下，高校教学课程向着综合化的方向发展，其原因有两方面，一方面是当代科学技术发展高度综合的影响，另一方面是当代重大社会生产、生活问题的解决需要多种学科协作使然。现代高级专门人才的培养已不能囿于过去那种狭窄的知识面，而必须代之以较丰厚的知识基础和较广博的文化素养。为此，各国高校都从不同角度、以不同形式加强高校中的知识基础和拓宽知识面，这就是所谓的通才教育。在全面素质教育的今天，提高学生的综合素质非常重要。这能帮助学生在毕业后更加快速地适应社会。

第三节　教学质量检查评估系统

在高校教育中，建立一个教学质量检查评估系统也是非常重要的，它属于教学质量决策实施系统的重要组成部分。下面主要阐述实施教学质量评估的几个工具以及实施办法。

一、利用观察

观察法是评价工作者对评价对象就评价的各项指标直接进行现场观察，这一种方法多属于行为表观方面的测评，它不同于纯粹的日常观察，纯粹的日常观察所得印象笼统、含糊，或流于主观臆断，而这里所说的观察法是按照要求进行科学的控制，明确观察的内容重点，制定观察计划。

（一）观察法的分类

一般情况下，可以将观察分为非参与（不介入）观察和参与（介入）观察两种形式。在进行非参与观察时，观察者处于被观察对象的外部，他们从旁观察正在发展的过程，不提出任何问题，只是记录事件发生的过程。

参与观察是观察者在某种程度上直接参与被观察过程，与被观察的人发生一定的联系，参与他们的活动。进行参与观察时，观察者可以采取中立的立场，不积极参加集体的活动。在观察的过程中，观察者应该采取十分小心谨慎的态度，一般应当遵循下列规则。

（1）充当该集体的普通一员。

（2）不露声色，不对发生的事情表示过分兴趣。

（3）多听，多观察，少提问题。

（4）发言应持中立，不加评论。

如果从是否控制条件来看，可以将观察法分为自然观察法和实验观察法两种。

自然观察法是在日常教育、教学活动或日常生活等自然条件下的观察，但事先必须明确要观察哪些行为表现。

实验观察法是在严密的条件下，人为地引起学生的行为反应，以进行观察的方法。若从取样的角度看，可以分为时间样本法和情境样本法。

时间样本法是在限定时间内的观察，因为在限定时间内观察到的现象是整个活动时间内的全部现象的一个样本，因此主要有以下两种方式：一种是不同时的取样观察，如观察学生自觉纪律情况，可在自习时间或其他较有自主表现的活动时间进行观察；另一种是同时的取样观察，即在同一时间内协同工作的各评价工作者同时进行观察。这两种观察法在学校教学中最为常用。

（二）观察法的记录

观察法是借助直接感知和直接记录来搜集有关的资料，一般情况下主要有快速记录、卡片记录、表格记录、观察日记、录音录像等方式。下面主要介绍卡片记录和表格记录这两种。

其中卡片记录这一形式在教学质量检查中利用得非常广泛，它是运用卡片形式，按观察对象分户记录，即一个个体一张卡片，每张卡只记一件事。例如，观察卡片，只要在所属栏日记"√"即可，若有特别说明的可在备注栏里填写，但必须在当时立即做记录。

观察法能很好地测试出测评人的外显行为，但对于一些人的心理活动则无法通过观察法得出，这时就可以采用问卷法，如测评人的思想倾向、态度、兴趣、性格认识、意向等内容时，往往是用问卷法进行。问卷法的优点比较明显，一般来说不受空间限制，在短时间内可以获得较多的资料，有利于获得更加准确的评价结果。

一般来说，问卷通常可分为限制式、半限制式和开放式三种。

限制式问卷是对提出的问题根据测评的需要以及实际情况，事先安排好答案，由对方从中选择适当的答案。通常是在被选择的答案做记号"√"。

限制式问卷的优点是回答的类别标准化，有利于统计、比较和分析。但如果拿不准提出的可能性答案足以使被调查者表达自己的意见时，那么最好采用半限制式问卷，它使被调查者有可能或者避开选择给定的答案。

采用开放式问卷既可以让对方自由发挥，也会感到比较自然，但由于答案不是标准化，在整理分析资料时要比限制式问卷费时、费力，而且这种问卷要求被测评者有一定的文化水平，因此必须视问题的实际需要选用问卷的形式。

在具体的测评中，设计问卷时需要注意以下几个方面的要求。

第一，问卷的内容必须与测评的对象、目的相符合，这样才能放入测评需要的项目。否则，问题太多的话，容易引起被测者的厌烦。

第二，问卷形式的选择应依照经济、可靠和准确的标准，尽可能用限制式问卷，当然也需视问题的需要而定。但整个问卷不适宜安排太多的开放式问卷。

第三，措辞和语言要准确、通俗易懂，所问的问题要清晰、不含糊。

第四，注意问卷的次序，以引起回答的兴趣为原则，问卷的问题可按时间顺序，由远而近或由近而远，不可忽而近、忽而远。在内容上，可先一般性内容，再问特殊内容，可从易到难，从熟悉到生疏。在类别上，同类问题要放在一起，一般来说可分基本资料、行为资料和态度资料三种。

第五，整个问卷前面要有适当的说明和指示，说明测评的目的、要求以及保证保密等。如果问卷分几部分，需要时每部分应有说明。

二、利用访问

访问法是通过评价工作者与被测评者直接交谈而取得资料的方法。访问可以说是一种有目的的谈话，能根据事先设计好的问题进行，有时也可用电话交谈。

利用访问法，需要遵循一定的步骤，按部就班地进行。

（一）全盘策划

在做访问之前，首先要确定各方面的要素是否准备齐全，如所需要的人力和物力是否准备好。另外，还要认真地制订一个工作日程表，其中包括工作项目和完成时间。例如，选定访问对象、问题设计、确定或训练访问员、工作安排等。访问员的确定应考虑其品质，也应考虑其性别、年龄以及对被访者的影响等问题。[①]

（二）接触受访者

在进行正式访问前，要向受访者说明访问的目的、意义、访问时间、地点等，并对来访者做自我介绍，以便联系。需要格外注意的是，访问地点最好是中立性的地点或有单独的房间，这样才能确保获得理想的采访效果。

（三）正式访问

一名优秀的访问员善于与受访者建立良好的关系，在进行访问的过程中，能很好地控制自己的情绪，并认真记录好访问的内容。记录的方法可采用速记、缩记、简写或易于辨认的符号。但谈话时记录往往分散交谈者的注意力和使他感到不安，所以有时可采用凭记忆记录的方法。最好使用两名访问员，即一名提问题，另一名用心记住，并在访问后予以记录。

访问员在访问的过程中不要紧张，要保持放松的心态，要事先熟悉需要问的每个问题，对访问者的回答做好心理上的准备。对每个问题应保持中立，即不要以自己的感情影响受访者的回答。同时，访问员应具有平易近人、观察力强、说话易懂、不慌不忙、有耐心、善于保持沉默的品质，决不允许具有生硬、苛求和盛气凌人等品质。此外，访问员的服装应尽可能考虑受访者的社会地位等，避免穿得过于讲究，因为讲究的服装能使被访者分散注意力，难以取得良好的访问效果。

三、利用测量

测量法是对教育客观事物进行数量化的测定，如对学生的学习能力、学业成绩、兴趣爱好、智商、品德以及心情、情绪等的数量化测

---

① 黄文齐.《教育部高等学校教学指导委员会章程》遵照执行与高等学校教育教学质量督导评估标准及达标考核实务全书［M］. 北京：高等教育出版社，2019.

定。这种测定通常需要借助相应的量具，如测量学生的学习能力、学业成绩的量具是测验题；测量学生兴趣爱好、思想品德的量具是量表；测量学生心情、情绪的量具是仪器，即从脉搏呼吸、血压、心跳、皮肤电和外部行为的表现来测定。由此可见，测验试题、量表以及仪器设备等均可作为测量的量具。

需要说明的是，任何测量都存在着一定的误差，测量者只能是力求达到最大可能的精确性。尤其是在教育测量中，因为教育现象的复杂性和测量的间接性，所以精确程度是不如物理特性的测量，误差是存在的。教育测量的误差除来自测量对象、施测环境、施测人外，更主要的是来自于测量的量具。使用的测验题、量表很难把学生的知识，才能、思想一点不漏地全部测量出来，学生的身心在不同的时候、不同的情况下有不同的表现，教育测量所能控制的条件也是有限的。正因为这样，我们在教育测量工作中，必须采取有效手段，科学地编制测验试题、量表，妥善地选取和控制测量的对象以及施测的环境，科学地进行评分，以最大限度地减少测量误差，提高测量的精确程度，并且还要周密而严谨地表述测量的结果。

一般情况下，教育教学质量的测评通常是采用效度和信度两个方面来检验测量的效果。

（一）效度测量

效度是指测量是否实现了预期的目的，是否达到了测量的效果。比如，一把尺子，拿来测量人的身高是很有效的，若拿来测量人的体重，那就无效了。又如，要测量学生的政治科成绩，若试题很大程度上受学生的语文水平所影响，则这个政治测试的效度就不高了。在教育测量中，效度问题比在其他领域的测量更为重要。这是因为在其他领域中，测量都是用一定的量具直接测量，而且许多现象之间都具有函数关系，因此一般都能测量到所要测量的特性，效度是极高的。

与一般的测量不同，教育测量有着自己独特的特点，这主要体现在以下几个方面。

第一，教育测量的对象大多是精神现象，只能通过对其具有可测性的外部表现（如言语或动作）的测量，以间接认识其心理活动、心理特征或知识水平等。

第二，学生的心理活动、心理特征与其外部表现之间一般仅具有相关关系，而无函数关系，外部行为并不能准确无误地反映某种心理状态。

第三，教育测量的对象不是物，而是具有主观能动作用的人。人能够有意识地调节自己的外部行为，掩盖自己的内心活动，这就增加了测量的难度。

因此，测量的效度问题非常重要，要引起高度重视。

（二）信度测量

信度是指测量的可靠性，即测试结果能否反映被测者的真实水平。若测试结果能反映被测者的真实水平，则说明测量的信度较高，或者说这种测试是可靠的。

在学校教育测量中，测量的对象主要是精神现象，所测量的特性不易把握，为了真实地反映被测者的某种特性，需要更注意测量的信度，从而正确地判断测量结构的价值。信度高的教育测量既可以给教育工作者提供可靠的信息，为教育预测和决策提供依据，又能使学生认识到自己的具体实际情况，从而采取有针对性的教学手段与方法提高学习质量。

参考文献

[1]曹垚作.立德树人视域下高校体育类专业健康教育及教学质量监控机制研究[M].长春:吉林出版集团股份有限公司,2021.

[2]杜滨晖,王程.基于ISO 9000的高校教育教学质量管理标准体系研究[J].中国标准导报,2016(7):50—52.

[3]韩君彦.推进虚拟现实技术应用 提高高校教育教学质量[J].现代经济信息,2019(33):376—377.

[4]洪家芬,董雨.引入行业企业参与高校教育教学质量第三方评价[J].教育现代化,2018(37):67—69.

[5]李平.推进虚拟现实技术应用 提高高校教育教学质量[J].实验室研究与探索,2018(1):1—4.

[6]李声伟.高校教育教学质量的制约因素探析[J].吉首大学学报(社会科学版),2013(1):123—125.

[7]李耀华,田大听.高校教育教学质量保证体系与监控研究[J].教育教学论坛,2013(8):178—179.

[8]李依娜.高校教育教学质量监控与评价体系研究[J].济南职业学院学报,2014(3):15—16.

[9]李园.高校教育教学质量管理的关键要素探讨[J].科学大众(科学教育),2018(5):116.

[10]林顺英.论普通高校体育教育本科专业教学质量保障[M].北京:北京体育大学出版社,2012.

[11]刘翠兰.民办高校教育教学质量保证体系构建的探索与实践[J].当代教育科学,2011(23):53—54.

[12]刘一蒙.以课程思政推进高校教育教学质量建设[J].智库时代,2022

(25):213—216.

[13]马廷奇.高等教育教学改革与质量保障[M].武汉:武汉大学出版社,2017.

[14]马志君.高校教育教学质量提升策略分析[J].科技资讯,2016(3):127—128.

[15]裴小倩,严运楼.高校创新创业教育协同机制研究[M].上海:上海交通大学出版社,2018.

[16]沈静,方正军,周亮,刘小娟.新工科教育背景下高校教育教学质量评价体制的建立与保障[J].科技资讯,2021(1):154—156.

[17]施小花.当代高校体育教育理论与发展探究[M].长春:吉林人民出版社,2021.

[18]苏志梅.学分制条件下高校教育教学质量管理方法研究[J].洛阳师范学院学报,2019(2):88—91.

[19]孙武安.高校思想政治理论课教学质量提升研究[M].杭州:浙江工商大学出版社,2022.

[20]谭霁.新建高校教育教学质量研究[J].教育科学(引文版),2017(12):191.

[21]徐娜.从本科教学评估看高校教育教学质量和效率问题——基于现代制度经济学的视角[J].文教资料,2017(28):153—154.

[22]闫雅萍.高校与中小学合作的教学实践共同体[M].北京:旅游教育出版社,2020.

[23]杨迪.高校教育教学质量管理的关键要素探讨[J].时代教育,2018(9):100.

[24]杨金佩.基于学情分析的应用型本科高校教育教学质量研究[J].中国轻工教育,2021(3):40—46.

[25]杨万福,吴利平.论高校教育教学质量管理的关键过程管理[J].高教论坛,2010(2):89—91,112.

[26]杨跃清.推进虚拟现实技术应用提高高校教育教学质量[J].家庭科

技,2020(4):53－54.

[27]姚易.提高民办高校教育教学质量的路径与对策[J].教育教学论坛,
2022(4):17－20.

[28]张强.高校教学团队建设的博弈分析 基于高等教育"质量工程"的研
究[M].北京:经济科学出版社,2011.

[29]张耀灿,等.高校思想政治理论课教育教学质量监测体系研究[M].
北京:经济科学出版社,2014.

[30]张应龙.高校教育教学质量提升的方法研究[J].智库时代,2017
(14):100,103.

[31]赵倩.我国高校教育教学质量保障体系发展历程及其要素分析[J].
教育观察,2019(13):51－52,58.

[32]赵越.高校教育教学质量管理的关键要素及创新思路[J].学园,2020
(24):69－70.

[33]庄松岩.高校教育教学质量管理的关键要素探讨[J].文理导航,2019
(2):86－87.